A Jacky Koehl

Avec mes amitiés

Patrice Fontaine

Risque de Change

Dans la même collection

(extraits)

dirigée par Yves SIMON

1. SIMON Yves, *Les marchés dérivés – Origine et développement,* 2e éd.
6. SIMON Yves, *Les marchés à terme de taux d'intérêt,* 2e éd.
8. GRESSE Carole, *Les entreprises en difficulté*, 2e éd.
13. GINGLINGER Edith et HASQUENOPH Jean-Marie, *Mathématiques financières,* 2e éd.
22. PERRIER Arnaud et SCACCHI Raphaëlle, *Les stratégies anti-OPA.*
23. HAMON Jacques, *Marchés d'actions.*
25. DALOZ Jean-Pierre et MARTIN Maryse, *Stratégies pour la gestion du risque de taux.*
37. THOUMIEUX Xavier, *Le LBO.*
39. TOPSACALIAN Patrick, *Les indices boursiers sur actions.*
68. PIGET Patrick, *Gestion de portefeuille.*
74. FOURNIER-EMONNET Caroline et SAYEGH-GUERMAS Lila, *La réglementation des marchés financiers européens.*
76. FOURNIER-EMONNET Caroline, SAYEGH-GUERMAS Lila et SIMON Yves, *Les marchés européens de NYSE Euronext.*
79. MOURGUES Nathalie, *Critères de choix et rentabilité des investissements.*

Risque de Change

Gestion et couverture

Patrice FONTAINE

ECONOMICA
49, rue Héricart, 75015 Paris

Du même auteur

Arbitrage et évaluation internationale des actifs financiers, Paris, Economica, 1988.

Gestion financière internationale, Précis Dalloz, collection gestion, avril 1997.

Gestion des risques internationaux, en collaboration avec C. Gresse, Dalloz, juillet 2003.

Les marchés financiers internationaux, nouvelle édition refondée en collaboration avec J. Hamet. Que Sais-Je ?, Presses Universitaires de France, deuxième édition mise à jour, novembre 2007.

Marchés des changes, Pearson Education, Collection Synthex, août 2008.

REMERCIEMENTS

Je remercie toutes les personnes qui ont contribué directement ou indirectement à la rédaction de ce document et plus particulièrement Florin Aftalion, Hervé Alexandre, Bernard Dumas, Pascal Dumontier, Isabelle Girerd-Potin, Philippe Ithurbide, Hubert de La Bruslerie, Sylvie Laforge, Jean Mathis, Pascal Louvet, Dominique Thévenin, Yves Simon et Bruno Solnik.

Cet ouvrage a bénéficié des différents commentaires et questions des étudiants de l'ESSEC, de l'ESC Grenoble et du master de finance de l'IAE de l'Université de Grenoble II. Il est aussi le fruit de séminaires de formation organisés pour des banques suisses et françaises.

INTRODUCTION

Dans notre monde où la valeur d'une monnaie varie en permanence, dès qu'une entreprise ou un individu réalise une opération qui implique une entrée ou une sortie de devises (monnaie étrangère) dans les mois ou les années à venir, il existe un risque de change car l'entreprise ou l'individu ne connaît pas à l'avance la contrepartie dans sa monnaie de référence de ses entrées ou sorties de devises futures.

Par exemple, si une personne attend une rentrée de 100 dollars dans un an et que la valeur du dollar baisse de 0,80 euro à 0,70 euro, elle obtient 70 euros au lieu de 80 euros. Une perte de change de 10 euros est constatée. Si le dollar avait augmenté, un gain de change aurait été constaté. Ces variations des cours de change peuvent remettre en question les rentabilités d'un investissement et d'une opération commerciale à l'étranger.

Il y a un risque particulier associé à toute opération à l'étranger, ***le risque de change****.*

Tout individu ou entreprise va vouloir gérer ce risque, voire le couvrir, c'est-à-dire tenter de l'éliminer en mettant en place une transaction garantissant les cours de conversion des flux futurs de devises.

Il aura le choix en fait entre couvrir ou ne pas couvrir le risque de change. Pour prendre cette décision, il doit faire des prévisions sur les cours des devises futurs, et les comparer aux cours de change qu'on lui garantit. Par exemple, s'il attend 100 dollars et qu'on lui garantit sa conversion à 0,80 euro alors qu'il estime que le cours du dollar sera égal à 0,85 euro dans un an, la couverture proposée lui donnera 80 euros alors que ne rien faire lui procurera 85 euros. Sa décision sera de ne pas se couvrir.

Cependant, dans ce cas, le risque de change existe toujours car il n'est pas possible de connaître avec certitude aujourd'hui la contrepartie en euros des flux en devises futurs ; les prévisions pouvant se révéler fausses.

En revanche, dans le cas où l'individu ou l'entreprise se couvre, la contrepartie en euros des flux en devises futurs est connue avec exactitude. Le risque de change est totalement éliminé. Il existe de nombreux produits permettant de se couvrir contre le risque de change dont entre autres, les contrats de futures, les options et les swaps de devises. Le problème est de choisir la couverture la mieux adaptée.

Le type de risque de change présenté jusqu'à présent, dénommé *le risque de change de transaction ou de conversion,* est le plus couramment évoqué. Il est dû à l'impact d'une variation inattendue des taux de change sur les contreparties en euros des flux en devises futurs. Il concerne aussi bien un particulier qu'une entreprise.

Il existe d'autres notions du risque de change qui concernent plus spécifiquement les entreprises.

D'une part, les taux de change ont un impact sur la valeur de l'entreprise, celle-ci étant égale à la valeur actualisée des flux qu'elle générera dans le futur. Les variations de la valeur de l'entreprise à la suite d'une variation non attendue des taux de change traduisent *le risque de change économique*.

D'autre part, les taux de change peuvent agir sur les états comptables, bilan et compte de résultat, d'une entreprise. Les effets d'une variation non attendue des taux de change sur les états comptables des entreprises ou sur les comptes consolidés d'une multinationale reflètent *le risque de change de traduction ou comptable*.

Seul le risque de change de transaction est présenté ici.

L'objet principal de cet ouvrage est d'expliquer comment gérer le risque de change de transaction.

Afin d'appréhender correctement le risque de change et sa gestion, le chapitre I est consacré aux marchés des changes au comptant et à terme alors que le chapitre II est dédié aux autres marchés des changes, en l'occurrence les contrats de futures, les options et les swaps de devises qui permettent entre autres de se protéger contre le risque de change. La gestion du risque de change est traitée dans le chapitre III.

CHAPITRE I

Les marchés des changes au comptant et à terme

Dès qu'un particulier ou une entreprise effectue des transactions avec l'étranger, il est obligé de vendre des euros pour acheter des devises ou de vendre des devises contre des euros. Pour ceci, il utilise les marchés des changes.

Les marchés des changes sont des marchés où les monnaies sont échangées.

Comprendre le fonctionnement des marchés des changes et le comportement des cours de change est nécessaire pour toutes les personnes ayant une activité internationale, c'est l'objet de ce chapitre. Dans une première section, le système monétaire international est décrit. Ensuite, les marchés des changes au comptant et à terme sont présentés successivement. Enfin, sont développées de façon succincte les relations économiques expliquant le comportement des cours de change et les modèles de prévision des cours de change futurs.

Dans cet ouvrage, les sigles utilisés pour les différentes monnaies sont les codes SWIFT normalisés au niveau international par l'AFNOR et au niveau international par l'ISO ; par exemple, CAD (dollar canadien), EUR (euro), GBP (livre sterling), JPY (yen), CHF (franc suisse) et USD (dollar des États-Unis).

1. Le système monétaire international

Initialement, la valeur d'une monnaie était fixée en termes de biens et d'actifs. Aussi, pour établir le taux de change entre deux monnaies, il suffisait de faire le rapport entre les valeurs respectives en termes de biens et d'actifs des différentes monnaies. Pour ceci, il fallait utiliser une référence commune pour donner la valeur d'une monnaie.

Jusqu'en 1973, directement ou indirectement, chaque monnaie avait une valeur fixée dans un bien de référence qui était l'or. Depuis 1973, de manière générale, les valeurs des différentes monnaies ne sont plus définies par rapport à un bien de référence et elles ne sont plus le résultat de décisions politiques, mais celui de la confrontation de l'offre et de la demande des différentes monnaies.

> *Le système monétaire international a évolué progressivement vers un système de taux de change flottant dans lequel le prix de chaque monnaie est librement déterminé par le marché. Les rapports d'échange entre deux monnaies (parités) ne sont pas fixés par les gouvernements mais fluctuent en fonction de l'offre et de la demande.*

Cependant, dans ce monde de taux de change flottant, des gouvernements ont lié leur monnaie à d'autres.

Plusieurs modes de rattachement existent :

– le rattachement à une seule monnaie. Par exemple, 14 pays africains [1] utilisent le franc CFA qui était initialement lié au franc français et depuis l'avènement de l'euro, à ce dernier. La valeur du franc CFA est fixe et garantie par le Trésor public français dans le cadre des accords européens. La parité du franc CFA est désormais de 1 euro = 655,957 CFA. Plusieurs monnaies sont aussi strictement liées au dollar américain ;

– le rattachement à un panier de monnaies.

Certaines monnaies sont liées aux droits de tirage spéciaux (DTS).

Les DTS avaient été créés initialement pour remplacer le dollar et l'or dans les réserves internationales. Depuis le 1er juillet 1974, ils sont un panier de monnaies, une monnaie composite. Actuellement, quatre monnaies, le dollar

1. En Afrique de l'Ouest : le Bénin, le Burkina Faso, la Côte-d'Ivoire, la Guinée-Bissau, le Mali, le Niger, le Sénégal et le Togo. En Afrique centrale : le Cameroun, la République centrafricaine, le Congo, le Gabon, la Guinée Équatoriale et le Tchad.

des États-Unis, la livre sterling, l'euro et le yen entrent dans sa composition.

Le 1er janvier 1999, a été mise en place la monnaie unique européenne, l'euro, dans les pays suivants : l'Allemagne, l'Autriche, la Belgique, l'Espagne, la Finlande, la France, l'Irlande, l'Italie, le Luxembourg, les Pays-Bas, le Portugal, et en Grèce deux ans plus tard. Il a depuis été étendu à d'autres pays : Malte, la Slovaquie, la Slovénie et Chypre.

Les taux de conversion de l'euro dans les monnaies de ces pays ont été fixés de manière irrévocable : 1 EUR = 40,3399 francs belges = 1,95583 deutsche mark = 0,787564 livre irlandaise = 340,750 drachmes grecques = 166,386 pesetas espagnoles = 6,55957 francs français = 1 936,27 lires italiennes = 0,58274 livre chypriote = 40,3399 francs luxembourgeois = 0,429300 lire maltaise = 2,20371 florins néerlandais = 13,7603 schillings autrichiens = 200,482 escudos portugais = 239,640 tolars slovènes = 30,1260 couronnes slovaques = 5,94573 marks finlandais.

Pour plus d'informations, voir le site de la Banque Centrale Européenne (www.ecb.int).

Il existe d'autres systèmes de rattachement et de régimes de change qui ne sont pas développés ici.

En résumé, le système monétaire international peut se caractériser par un mélange de systèmes de taux fixes et flottants. Certaines monnaies sont appréciées les unes par rapport aux autres en fonction de l'offre et de la demande alors que d'autres sont liées par un système de taux de change fixe. Par exemple, le cours du dollar par rapport à l'euro ou par rapport au yen résulte de l'offre et de la demande du dollar par rapport à ces monnaies alors que le franc CFA et l'euro sont liés dans le cadre d'accords entre la France et les pays d'Afrique considérés.

2. Caractéristiques générales des marchés des changes

Avant de décrire précisément les opérations sur les marchés des changes au comptant et à terme, des éléments communs à ces deux marchés sont présentés dans cette section, en l'occurrence, les supports utilisés, le fonctionnement, les intervenants, la taille du marché des changes et les principales places.

2.1. Les supports utilisés sur les marchés des changes

Les principaux supports utilisés sont les billets de banques, les chèques de voyage, les lettres de change et les virements interbancaires.

La lettre de change est un ordre écrit par le vendeur d'un bien, et accepté par l'acheteur (ou sa banque), obligeant cet acheteur ou cette banque à payer une certaine somme au vendeur, à une date fixée et en une certaine monnaie. Ce procédé très couramment utilisé aux débuts du commerce international l'est beaucoup moins maintenant.

Le principal mode de transaction sur le marché des changes était le virement interbancaire par télex. Ceci revient à envoyer par télex un ordre de débiter un compte libellé dans une devise A et de créditer simultanément un autre compte libellé en devise B.

Actuellement, les ordres de paiements aussi bien sur le marché des changes que sur le marché des eurodevises sont plutôt transmis par le système SWIFT (Society for Worldwilde Interbank Financial Telecommunication) créé le 19 octobre 1977. Ce système n'est pas un système de paiement mais un mode de transmission des paiements comme le télex.

2.2. Le fonctionnement des marchés des changes

Le marché des changes de Paris se tient, tous les jours ouvrables, par téléphone entre les établissements de la place, soit directement de banque à banque, soit par l'intermédiaire de courtiers. Les opérations se font par téléphone avec confirmation par télex ou par SWIFT pour les correspondants étrangers. Le respect des engagements verbaux est vital pour la bonne tenue du marché, ce qui explique l'importance de la réputation des intervenants.

L'examen des heures d'ouverture sur le marché international indique que celui-ci fonctionne en continu, ce qui veut dire qu'il est toujours possible pour un opérateur d'acheter ou de vendre des devises ou l'euro à n'importe quelle heure. En Europe, le marché est actif à partir de 9 h-10 h et s'arrête de fonctionner vers 17 h-18 h. À Paris, le marché fonctionne entre 9 h 30 et 16 h 30. Quand il ferme en Europe, il devient actif aux États-Unis. Lorsque le marché de la côte ouest américaine s'arrête, les transactions débutent en Extrême-Orient où elles cessent quand elles commencent à Zurich, Paris et Londres. On comprend dans ces conditions que le marché soit continu et fonctionne 24 heures sur 24.

> *Le marché des changes est un marché de gré à gré, c'est-à-dire que les transactions ne sont pas officiellement standardisées et il n'y a pas d'endroit précis tel qu'une bourse où sont centralisées les transactions et les cotations.*

Les transactions se déroulent entre les tables de change des différentes banques. Ces tables de change faisant plus largement partie des salles de marché sont des lieux où s'affairent les cambistes autour de téléphones, de télex, de télécopieurs et d'ordinateurs.

2.3. Les intervenants

2.3.1. Les banques

Le marché des changes est un large marché entre banques. Seules les grandes banques sont admises à ce club.

Les spécialistes de ces banques sont appelés les cambistes. Parmi les cambistes, nous pouvons distinguer :
– les traders qui sont des market-makers, "des faiseurs de prix" ; ils traitent sur le marché interbancaire, directement avec les banques contreparties ou par l'intermédiaire de courtiers ;
– les cambistes clientèle, ou salers, qui sont des vendeurs chargés de répondre à la demande des clients entreprises.

Les banques peuvent agir pour leur compte ou pour celui de leurs clients. Lorsqu'elles interviennent pour leur compte, elles le font soit pour couvrir leur risque de change par suite d'opérations avec leur clientèle, soit pour résoudre des problèmes de trésorerie à court ou moyen terme, soit pour réaliser des gains de change en pratiquant de l'arbitrage qui consiste à acheter et à vendre des devises n'ayant pas le même prix à deux endroits différents.

2.3.2. Les courtiers

Certains utilisateurs préfèrent utiliser le service de courtiers que celui de leurs banques. Les courtiers sont des intermédiaires qui, contre rémunération, s'efforcent de trouver une contrepartie à la demande qui leur est faite. Leurs positions d'intermédiaires leur permettent de grouper les opérations et d'assurer l'anonymat des transactions. Ils sont principalement localisés à Londres et à New York ; il existe une vingtaine de courtiers à Paris. Le coût de leurs services dépend du montant de la transaction et de la devise négociée, il est de l'ordre de 0,01 %.

2.3.3. Les banques centrales

Elles interviennent principalement pour influencer la valeur de leur monnaie soit pour des raisons de politique économique interne, soit pour respecter des parités fixées dans le cadre d'engagements pris par exemple au sein du SME.

En France, ces interventions se font par l'intermédiaire du fonds de stabilisation des changes créé en 1936 et géré pour le compte de l'État par la Banque de France.

Compte tenu de l'ampleur du marché des changes et des réserves des banques centrales, leurs interventions sont limitées. Pour qu'elles soient efficaces, il faut que les interventions des banques centrales soient coordonnées.

2.3.4. Les clients

Ils peuvent se décomposer en trois catégories : les entreprises industrielles et commerciales, les institutions financières ne participant pas directement au marché et les particuliers. Par définition, ils n'interviennent pas directement sur le marché des changes, ils le font par l'intermédiaire de banques.

Les entreprises industrielles et commerciales qui représentent la catégorie la plus importante des clients offrent ou demandent des devises en contrepartie d'opérations d'importation ou d'exportation et utilisent le marché des changes pour financer des opérations à l'étranger. Certaines de ces entreprises ont créé leur propre salle de marché afin de pouvoir intervenir directement sur le marché pour leur propre compte.

2.4. La taille du marché des changes et les principales places

D'après les dernières enquêtes des banques centrales réalisées au mois d'avril 2007[1], les transactions quotidiennes sur le marché interbancaire mondial des changes atteignaient un montant de 3 210 milliards de dollars, soit plus que le produit intérieur brut français annuel. Les transactions de change au comptant représentaient 1 005 milliards de dollars par jour. Les autres transactions concernaient les opérations de change à terme présentées dans la prochaine section.

Environ 5 % des transactions correspondaient au financement des échanges de biens et services, le reste étant lié aux opérations financières, de couverture et de spéculation.

Ces enquêtes indiquent que Londres est la place la plus importante avec un montant représentant 34 % des transactions. Les États-Unis, avec principalement New York et Chicago, et le Japon représentent respectivement 17 % et 6 % du marché.

TABLEAU I-1

Évolution du volume quotidien des transactions de change sur le marché des changes au comptant (en milliards de dollars)

Avril 1989	Avril 1992	Avril 1995	Avril 1998	Avril 2001	Avril 2004	Avril 2007
317	394	494	568	387	621	1 005

3. Le marché des changes au comptant

L'objet du marché des changes au comptant est de permettre l'échange de devises instantanément. En réalité, la livraison des devises a lieu effectivement deux jours après sauf pour les échanges entre le dollar canadien et le dollar américain qui sont livrés un jour plus tard.

1. Voir la banque des règlements internationaux, www.bri.org

Tout d'abord, les différentes modalités de cotation sont présentées ; ensuite, le principe des cours acheteurs-vendeurs et des cours croisés, enfin, les types d'ordres et de commissions.

3.1. Les différentes modalités de cotations

> *Sur les marchés financiers nationaux, en règle générale, les cotations peuvent être dites : "à l'incertain", c'est-à-dire établies en unités de monnaie locale nécessaires pour acheter ou vendre une unité de monnaie étrangère,*
> *ou*
> *"au certain", c'est-à-dire établies en unités de monnaie étrangère pour acheter ou vendre une unité de monnaie locale.*

Par exemple, dans la zone euro, les cotations sont dites "au certain". La cotation d'une unité de monnaie étrangère est donnée en nombre d'unités de monnaie étrangère pour un euro. Par exemple, le cours du dollar affiché à Paris le 15/02/2010 était égal à 1,3607. Ce chiffre indique qu'un euro s'échangeait contre 1,3607 dollar américain (USD). Ce prix pour un échange "au comptant" entre l'euro et le dollar américain est le taux de change au comptant ou le cours au comptant d'une monnaie exprimée en unités d'une autre monnaie.

Étant donné le rôle "leader" de la livre sterling jusqu'au XXe siècle, Londres cote aussi "au certain". De même, le Canada et l'Australie, des pays anciennement liés à la Grande-Bretagne, cotent aussi au certain. Les États-Unis cotaient au certain jusqu'en 1978 ; depuis, les cotations sont au certain aux États-Unis dans le cas de transactions entre banques et clients non bancaires et à l'incertain dans le cas de transactions interbancaires.

Dans les autres pays, les cotations sont dites à l'incertain. Par exemple, en Suisse, la cotation du dollar américain à Zurich était le 15/02/2010 égale à 1,0775 ; ce qui signifiait qu'un dollar américain s'échangeait contre 1,0775 franc suisse (CHF).

Le tableau I-2 récapitule les cotations affichées à Paris et à Zurich qui sont pour les premières dites au certain et pour les secondes dites à l'incertain. Nous constatons que la cotation du franc suisse à Paris est égale à celle de l'euro à Zurich.

TABLEAU I-2

Les cotations sur les marchés des changes (d'après les cotations du journal Les Échos publiés le 16/02/2010)

Cotations affichées à Paris (dites au certain)		Cotations affichées à Zurich (dites à l'incertain)	
Dollar US (USD)	1,3607	Dollar US (USD)	1,0775
Livre sterling (GBP)	0,8676	Livre sterling (GBP)	1,6898
Franc suisse (CHF)	1,4661	Euro (EUR)	1,4461
Couronne danoise (DKK)	7,4437	Couronne danoise (DKK)	0,197
Couronne suédoise (SEK)	9,8805	Couronne suédoise (SEK)	0,1484
Dollar canadien (CAD)	1,4253	Dollar canadien (CAD)	1,0286
Yen (JPY)	122,42	Yen (JPY)	0,0011976

Nous pouvons avoir des cours de marché et des cours dits "guichet". Les cours de marché sont des cotations données pour des transactions standards sur le marché interbancaire portant sur des montants minimaux d'un million de dollars. Les cours "guichets" sont les cotations applicables aux transactions de particuliers.

Les notions d'appréciation, de réévaluation, de dépréciation, de dévaluation

Selon la direction de la cotation, un accroissement du cours d'une devise signifie une appréciation ou une dépréciation de la monnaie considérée. Par exemple, en France, si le dollar est coté 1,3607 USD pour 1 EUR le 15/02/2010 et 1,3810 USD pour 1 EUR le 16/02/2010, la valeur de l'euro a augmenté, l'euro s'est donc apprécié. En revanche, le dollar s'est déprécié. Le taux d'appréciation de l'euro est égal à :

$$\frac{1,3810 - 1,3607}{1,3607} \times 100 = 1,49\,\%.$$

En résumé, dans le cas d'une cotation au certain, lorsque le cours d'une devise (monnaie étrangère) augmente, cela signifie qu'elle se déprécie.

La distinction entre dépréciation et dévaluation et entre appréciation et réévaluation est liée à la manière dont s'établit le cours d'une monnaie.

Dans un système de parités fixes, les cours des monnaies sont établis par les autorités gouvernementales ; en cas de hausse de la valeur de la monnaie, on parle de réévaluation et en cas de baisse, de dévaluation. Dans un système à taux de change flottant, les cours des monnaies résultent de la confrontation de l'offre et de la demande ; en cas de hausse de la valeur de la monnaie, le terme appréciation est utilisé et en cas de baisse, celui de dépréciation.

3.2. Cours acheteur et vendeur

3.2.1. Le principe

Sur le marché interbancaire, il n'y a pas un seul cours annoncé mais deux cours annoncés.

Une personne désirant acheter un montant spécifié d'une monnaie appellera son cambiste qui ne lui donnera pas un cours, mais deux :
– le cours acheteur (bid) ; le cours auquel le cambiste accepte d'acheter une monnaie ;
– le cours vendeur (ask ou offer) ; le cours auquel le cambiste accepte de vendre une monnaie.

Exemple : la cotation de l'euro contre le dollar sera affichée de la façon suivante dans la zone euro :

USD 1,3599 – 1,3611

Le cours acheteur est évidemment inférieur au cours vendeur. L'écart entre le cours acheteur et le cours vendeur se calcule souvent en pourcentage de la manière suivante, le cours de référence étant le cours vendeur : écart (spread) en

$$\text{pourcentage} = \frac{\text{cours vendeur} - \text{cours acheteur}}{\text{cours vendeur}} \times 100.$$

Exemple : si les cours acheteur et vendeur de l'euro contre le yen à Paris sont égaux respectivement à 122,3895 – 122,4405, l'écart est tel que écart (spread) en

$$\text{pourcentage} = \frac{122{,}4405 - 122{,}3895}{122{,}4405} \times 100 = 0{,}041\,\%.$$

Cet écart est la rémunération du cambiste et il est fonction du risque pris par le cambiste. En effet, lorsque celui-ci annonce les cours à un client ou au cambiste d'une autre banque, il ne sait pas si ce dernier désire acheter ou vendre la devise. Dans le cas où le client veut acheter la devise et que le cambiste ne la détient pas, il est obligé de l'acheter. Les cours acheteur et vendeur annoncés doivent permettre au cambiste de répondre à toute demande sans perdre de l'argent. L'écart dépend de la devise négociée et de la volatilité de celle-ci.

Les cotations sont annoncées avec quatre chiffres après la virgule. Par exemple, la cotation de l'euro contre le dollar 1,3599 – 1,3611 se dira trois cinq neuf neuf à six un un ou encore cinq neuf neuf à six un un. Le deuxième chiffre après la virgule s'appelle la figure et le quatrième le point ou pip. Un point de base est égal à 0,01 % soit 0,0001.

Lorsque l'on veut passer d'une cotation comme la précédente donnée en nombre de dollars par euro à une cotation donnée en nombre d'euros par dollar, il faut pour calculer le cours acheteur inverser le cours vendeur précédent et pour calculer le cours vendeur inverser le cours acheteur précédent.

Exemple : EUR/USD 1,3599 – 1,3611 donne :

$$\text{USD/EUR, } \frac{1}{1{,}3611} - \frac{1}{1{,}3599} \text{, soit :}$$

USD/EUR 0,7346 – 0,7353

3.2.2. Cours croisés sur cours acheteur et vendeur

Sur un marché national ou le marché international, les monnaies sont cotées contre une monnaie de référence, par exemple, l'euro ou le dollar américain.

Par exemple, si la monnaie de référence est l'euro, pour échanger deux monnaies différentes de l'euro, il faut calculer les cours croisés sur les cours acheteur et vendeur.

Ceci implique un plus large écart cours acheteur – cours vendeur sur les cours de change croisés.

Exemple : Banque A

EUR/GBP : 0,8677 – 0,8692

EUR/CAD : 1,4241 – 1,4255

GBP/CAD : 1,6384 – 1,6428

La cotation GBP/CAD est obtenue ainsi :

– GBP/CAD cours acheteur est le prix auquel la banque veut acheter des livres sterling (GPB) avec des dollars canadiens (CAD), c'est-à-dire le nombre de CAD qu'elle accepte de donner pour avoir 1 GBP.

Ceci équivaut pour la banque A à acheter des euros (EUR) avec des CAD puis à vendre ces EUR pour obtenir des GPB.

La banque A donne 1,4241 CAD et obtient 1 EUR qu'elle revend et obtient 0,8692 GBP.

La banque A a donc 0,8692 GBP pour 1,4261 CAD ou encore 1 GBP pour $\frac{1,4241}{0,8692}$CAD , soit 1,6384 CAD.

Le cours acheteur GPB/CAD est égal à 1,6384 CAD.

– GBP/CAD cours vendeur, c'est-à-dire le nombre de CAD que la banque A veut en contrepartie d'une GBP.

Ce qui revient pour la banque A à vendre des GBP contre des EUR ou à acheter des EUR avec des GBP au cours acheteur de EUR/GBP 0,8677. Ensuite, elle vend l'EUR obtenu contre des CAD au cours vendeur de EUR/CAD 1,4255.

En conséquence, la banque avec 0,8677 GBP obtient 1,4255 CAD. Le cours vendeur GBP/CAD est égal à $\frac{1,4255}{0,8677}$, soit 1,6428.

Ce calcul de cours croisés permet de savoir si implicitement ou explicitement, les cours de change sont les mêmes partout (hors commissions), sinon des opportunités de profit sans risque seraient possibles. C'est le principe de l'arbitrage qui est en général respecté car il y a assez de professionnels dans le monde qui suivent les cotations en continu.

Exemple d'une opportunité d'arbitrage :

EUR/GBP : 0,8677 – 0,8692 à Paris (Banque A)

EUR/CAD : 1,4241 – 1,4255 à Paris (Banque A)

⇓

GBP/CAD : 1,6384 – 1,6428 (Banque A)

si en même à temps à Londres

GBP/CAD : 1,6450 – 1,6501 (Banque B)

Il y a une opportunité d'arbitrage car un intervenant peut acheter 1 GBP avec 1,6428 CAD à la banque A à Paris et la revendre à la banque B à Londres contre 1,6450 CAD. Il y a un gain de 0,0022 CAD par GBP négocié et ceci sans risque.

Cette opération d'arbitrage triangulaire exige une grande célérité car les taux de change varient très rapidement et le cambiste risque de se faire "coller" si, par exemple, le cours acheteur baisse à Londres.

3.3. Les types d'ordres et de commissions

Les ordres donnés par la clientèle sont en général donnés :
– au mieux, effectués au premier cours coté pour lequel l'échange peut réellement se faire ;
– à cours limité, c'est-à-dire que le client vend à un cours minimum ou achète à un cours maximum.

Il ne faut pas oublier qu'à tout ceci, s'ajoutent les commissions qui sont fonction habituellement de la taille de la transaction. Pour une transaction de quelques milliers de dollars, la commission peut aller jusqu'à 0,5 % tandis que la commission est normale (0,2 %) pour de grandes transactions (> 1 million de USD).

En tout état de cause, un client paiera un écart plus grand que celui donné par la banque.

Cours de marché interbancaire EUR/GBP 0,8677 – 0,8692

Cours guichet (Client) EUR/GBP 0,812 – 0,916

Par ailleurs, l'écart cours acheteur-vendeur interbanques et les commissions sont plus petites pour les grandes monnaies que pour les petites monnaies.

4. Le marché des changes à terme

Sur le marché des changes à terme, les opérateurs négocient un échange de devises aujourd'hui dont la livraison n'aura pas lieu dans deux jours comme sur les marchés au comptant, mais dans 30 jours, 90 jours ou un autre terme négocié.

Les transactions journalières sur les changes à terme représentaient 362 milliards de dollars en avril 2007, soit trois fois moins que les opérations de change au comptant et six moins que les opérations de swaps cambistes. Le marché des changes à terme est un marché de gré à gré comme le marché des changes au comptant.

4.1. Le principe des cours de change à terme

Parallèlement aux cours de change au comptant, il existe des cours de change à terme qui sont des cours de change qui pourront être négociés aujourd'hui mais appliqués plus tard, par exemple, dans 30 ou 90 jours.

Une banque peut, par exemple, proposer un cours de change à un mois EUR/USD de 1,3600 – 1,3650. Cela signifie que la banque est d'accord aujourd'hui pour acheter des euros dans un mois contre 1,3600 USD ou les vendre dans un mois 1,3650 USD.

Le tableau I-3 donne des exemples de cours à terme par rapport à l'euro pour les principales monnaies (dollar américain, livre sterling, franc suisse, yen et dollar canadien) pour les échéances 1 mois, 3 mois, 6 mois et 1 an.

Ainsi, dans un contrat à terme, l'accord est irrévocable sur la date de transaction, le montant et le cours de la devise, mais l'échange de monnaies prend place seulement à la date prévue dans le contrat.

TABLEAU I-3

Cours à terme de l'euro contre les principales devises

Cours 15/02/10	**USD**	**GBP**	**CHF**	**JPY**	**CAD**
Comptant					
Achat	1,3599	0,8677	1,4656	122,3895	1,4241
Vente	1,3611	0,8692	1,4668	122,4405	1,4255
À 1 mois					
Achat	– 0,0002	0,0001	– 0,0004	– 0,0273	– 0,0001
Vente	0,0001	0,0002	– 0,0003	– 0,0190	0,0001
À 3 mois					
Achat	– 0,0014	0,0004	– 0,0012	– 0,0890	– 0,0003
Vente	– 0,0001	0,0005	– 0,0010	– 0,0709	0,0002
À 6 mois					
Achat	– 0,0040	0,0006	– 0,0030	– 0,2347	– 0,0007
Vente	– 0,0011	0,0008	– 0,0026	– 0,1859	0,0001
À 12 mois					
Achat	– 0,0059	0,0005	– 0,0086	– 0,7890	– 0,0006
Vente	– 0,001	0,0014	– 0,0069	– 0,6086	0,0018

> *Les cours à terme sont souvent établis par rapport aux cours de change au comptant. Ils sont en règle générale différents. Si la cotation est au certain comme dans la zone euro, une devise se négocie avec un déport à terme si son cours à terme est supérieur à son cours au comptant. Le montant d'unités de cette devise pour acheter une unité de monnaie nationale (ici, l'euro) à terme est supérieur à celui qu'il faut pour acheter l'euro au comptant. La valeur de l'euro devrait monter ou inversement la devise devrait baisser, on attend une appréciation à terme de l'euro. Dans le cas inverse, la devise se négocie avec un report à terme.*

Exemple : si le cours à terme d'un mois de l'euro contre le dollar américain est EUR/USD 1,4020 et le cours au comptant est EUR/USD 1,3750, le dollar américain est dit coté à terme de un mois avec un déport de 0,0070. Le marché attend une dépréciation du dollar à terme ou une appréciation à terme de l'euro.

En règle générale, le report ou le déport est donné sous forme de taux et plus particulièrement de taux annualisé afin de pouvoir comparer les conditions offertes sur les marchés de change et les taux d'intérêt sur les eurodevises. Dans l'exemple précédent, le taux de déport annualisé du dollar par rapport à l'euro est égal à $\frac{1{,}4020 - 1{,}3750}{1{,}3750} \times \frac{12}{1} \times 100 = 23{,}56\,\%$. Pour annualiser, il faut multiplier par 12 et diviser par le nombre de mois à terme, ici 1.

Cependant, les taux à terme établis pour les clients sont habituellement secs ; par exemple, le cours à terme à un mois est égal à 1,4020.

Enfin, il existe des cotations en termes de points swaps, les points étant les différences entre les cours de change à terme et les cours de change au comptant. Un point de base est égal à 0,01 % ou 0,0001 et une figure correspond au deuxième chiffre après la virgule soit 0,01.

Par exemple, les cotations suivantes sont données en points swaps. Si le signe – est indiqué, cela signifie qu'il faut soustraire les points swaps du cours au comptant pour obtenir le cours à terme. Dans notre exemple, il n'y a pas de signe –, il faut donc ajouter les points swaps au cours au comptant pour obtenir le cours à terme.

Cours au comptant USD/FRF	1 mois	3 mois	6 mois
1,4020 – 1,4080	50/60	90/105	20/140

⇓

1,4020 – 1,4080	1,4070 – 1,4140	1,4110 – 1,4185	1,4140 – 1,4220

L'écart entre les cours acheteur et vendeur doit augmenter avec le terme du contrat car plus l'échéance est lointaine, plus le risque supporté par le cambiste annonceur est important, les possibilités de transactions se restreignant.

4.2. Les caractéristiques du marché à terme

Sur le marché des changes à terme, les transactions se font pour des termes allant de 3 à 7 jours, 1, 2, 3, 6, 9, 12, 18 mois et 2, 3, 5 ans. Pour des échéances comprises entre 3 jours et 6 mois, il est possible d'obtenir des cours à terme pour toutes les monnaies utilisées dans les échanges internationaux. Jusqu'à un an, il est pratiquement possible de traiter toutes les monnaies. Au-delà et jusqu'à cinq ans, seuls le dollar américain, l'euro, le franc suisse, le yen et la livre sterling sont négociés.

Lors de la négociation d'une opération à terme, il est préférable de retenir l'une des échéances qui viennent d'être mentionnées. Les transactions peuvent néanmoins avoir des échéances ne correspondant pas à un nombre de mois exact. Le coût en est généralement plus élevé car le banquier a plus de mal à couvrir son propre risque de change. En principe, toutes les monnaies convertibles peuvent être négociées à terme.

Pour effectuer des opérations de change à terme, les banques exigent en général (sauf lorsqu'elles travaillent avec d'autres banques) un dépôt de garantie. Lorsque les fluctuations sont importantes, le banquier peut réclamer un dépôt supplémentaire.

5. Gains, pertes et rentabilités associés aux opérations de change au comptant et à terme

Les opérations de change à terme utilisées à des fins spéculatives le sont beaucoup plus que les opérations de change sur les marchés au comptant à des fins spéculatives.

Exemple :

Supposons que le cours au comptant de l'euro contre le franc suisse est égal à 1,40 CHF/1 EUR et le cours à terme d'un an est égal à 1,40 CHF/1 EUR. Pour simplifier, nous supposons que les cours acheteur et vendeur sont les mêmes.

Si un spéculateur estime que le cours de l'euro dans un an sera égal à 1,60 CHF/1 EUR, il a deux possibilités pour spéculer :
- acheter de l'euro aujourd'hui et le revendre dans un an ;
- acheter à terme d'un an de l'euro à 1,40 CHF/1 EUR.

Le tableau suivant donne les gains, les pertes et les rentabilités des différentes opérations pour un achat d'un montant d'un million d'euros, sachant que, pour l'opération de change à terme, un dépôt de garantie de 100 000 francs suisses est demandé.

Nous constatons que si les gains et les pertes des deux types d'opérations sont les mêmes, les rentabilités sont en revanche très différentes car, avec l'opération sur les marchés des changes au comptant, le spéculateur doit investir au comptant 1,4 million de francs suisses alors que, sur le marché à terme, il investit seulement 100 000 francs suisses qu'il récupère à l'échéance. L'effet de levier est égal au rapport entre ces deux montants, soit un levier de 14.

En cas d'évolution favorable des cours, l'opération de change à terme est très intéressante mais, dans le cas inverse, les pertes peuvent être très nettement supérieures au montant investi, ce qui peut être catastrophique.

TABLEAU I-4

Gains, pertes et rentabilités d'opérations spéculatives sur les marchés au comptant et à terme

S à l'échéance (nbre de CHF pour 1 EUR)	Gains et pertes en millions de CHF de l'achat au comptant et vente à l'échéance	Gains et pertes en millions de CHF de l'achat à terme et vente à l'échéance	Rentabilités de l'achat au comptant et vente à l'échéance	Rentabilités de l'achat à terme et vente à l'échéance
0,5	0,9	– 0,9	– 64 %	– 900 %
0,6	0,8	– 0,8	– 57 %	– 800 %
0,7	0,7	– 0,7	– 50 %	– 700 %
0,8	0,6	– 0,6	– 42 %	– 600 %
0,9	0,5	– 0,5	– 35 %	– 500 %
1	0,4	– 0,4	– 28 %	– 400 %
1,1	0,3	– 0,3	– 21 %	– 300 %
1,2	0,2	– 0,2	– 14 %	– 200 %
1,3	0,1	– 0,1	– 7 %	– 100 %
1,4	0	0	0 %	0 %
1,5	0,1	0,1	7 %	100 %
1,6	0,2	0,2	14 %	200 %
1,7	0,3	0,3	21 %	300 %
1,8	0,4	0,4	28 %	400 %
1,9	0,5	0,5	35 %	500 %
2,0	0,6	0,6	42 %	600 %

6. Les relations économiques de base expliquant le comportement des cours de change

Pour une entreprise, réaliser des opérations à l'étranger sans tenter de comprendre l'évolution des cours des devises apparaît difficile. Pour ceci, il est utile de présenter les différentes relations économiques de base en finance internationale expliquant le comportement des taux de change.

Les relations qui lient les principales variables monétaires nationale et étrangères, taux d'intérêt réel et nominal, taux d'inflation et taux de change sont résumées par le schéma I-1.

SCHEMA I-1

Conditions de parités internationales

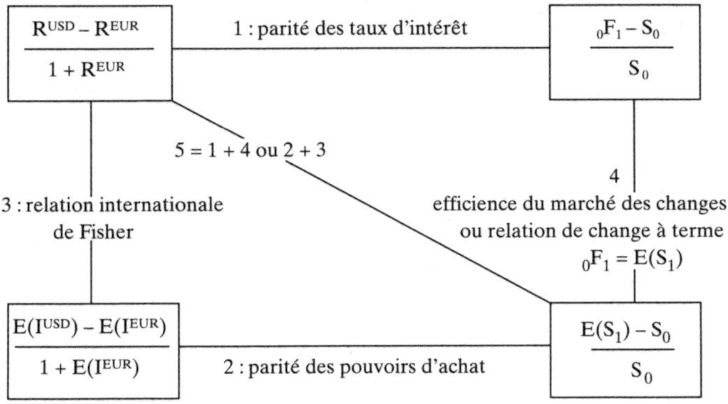

où R^{USD} est le taux d'intérêt sur les dollars, R^{EUR} le taux d'intérêt sur les euros, $E(I^{EUR})$ le taux d'inflation anticipé dans la zone euro, $E(I^{USD})$ le taux d'inflation anticipé aux États-Unis, S_0 le taux de change au comptant en t = 0, S_1 le taux de change au comptant en t = 1, $E(S_1)$ le taux de change au comptant anticipé pour t = 1, ${}_0F_1$ le cours de change à terme t = 1 négocié en t = 0. Les cours de change sont exprimés en nombre de dollars pour un euro.

6.1. La relation entre les taux de change et les taux d'intérêt : la parité des taux d'intérêt

Pour toutes les monnaies pour lesquelles un marché international libre existe, les cours de change au comptant, les cours de change à terme et les taux d'intérêt sont reliés automatiquement.

Exemple : les cours acheteur et vendeur sont supposés identiques ainsi que les taux d'intérêt prêteur-emprunteur, et les conditions sur les différents marchés sont les suivantes :

– le taux de change au comptant : S = 1 EUR/1,25 USD ;
– le taux de change à terme : F = 1 EUR/1,28 USD ;
– le taux d'intérêt à un an du EUR est de 3 % ;
– le taux d'intérêt à un an du USD est de 7 %.

Que va-t-il se passer ? Pour profiter du différentiel des taux d'intérêt, un spéculateur empruntera des euros EUR à un taux de 3 %, les convertira immédiatement en USD (1 EUR/1,25 USD) et placera ces dollars à 7 %.

Le spéculateur fait donc un profit de 4 % sur l'opération emprunt-placement mais court le risque d'une dépréciation du dollar plus élevé que 4 %. En effet, il doit rembourser l'emprunt EUR avec des dollars et devra donc convertir en euros dans un an les dollars provenant de son placement.

Pour limiter ce risque, il peut cependant se couvrir, en t = 0, en vendant à terme les dollars attendus au cours à terme de 1 EUR/1,28 USD.

Le schéma suivant reprend ces opérations :

SCHEMA I-2

Position déséquilibrée

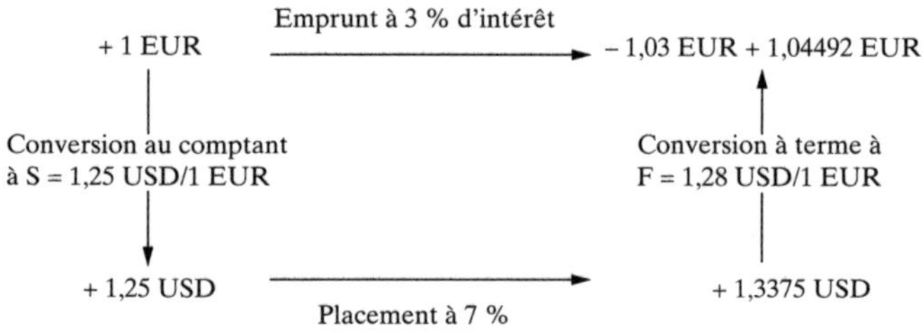

En conséquence, après avoir remboursé l'emprunt en euro, il restera 0,01492 EUR et ceci sans risque puisque toutes les conditions sont fixées en t = 0.

Le profit est ici égal à :

$$\frac{1{,}04492 - 1{,}03}{1} = 0{,}01492 = 1{,}5\,\%.$$

Ce profit est obtenu sans prendre de risque et sans investissement initial, il y a une opportunité d'arbitrage. Cette situation ne peut durer longtemps car tous les intervenants sur le marché tenteront d'en profiter jusqu'à ce qu'il y ait équilibre.

On s'aperçoit qu'ici le profit est égal à la différence entre le différentiel d'intérêt et le taux de déport du dollar.

Différentiel d'intérêt = 4 %.

Taux de déport du dollar $\frac{1,28 - 1,25}{1,25} = +2,4\%$.

Gain final (approximé) = 4 % – 2,4 % = 1,6 %

Pour qu'il y ait équilibre, il faut que les conditions sur le marché soient établies de telle manière qu'il n'y ait plus de possibilités d'arbitrage.

Si, dans l'exemple donné, l'ajustement se réalise par l'intermédiaire des cours à terme, il n'y aura plus d'opportunité d'arbitrage si en t = 1, on perçoit exactement ce que l'on doit en dollars, ce qui nécessite que :

$$_0F_1 = \frac{1,3375}{1,03} = 1,2985 \text{ USD / EUR.}$$

SCHEMA I-3

Position équilibrée

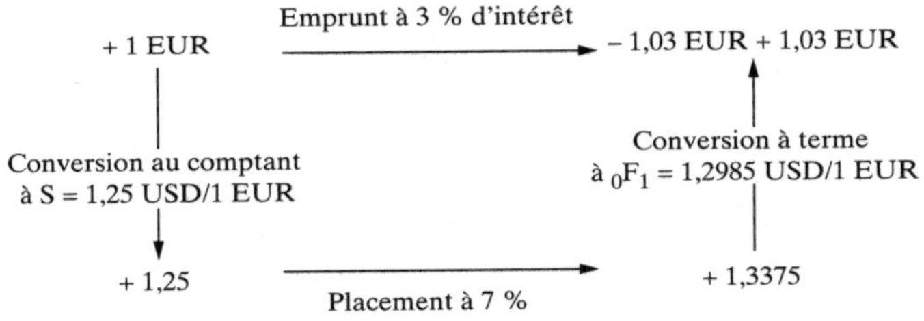

Si l'on exprime cette position équilibrée sous une forme algébrique avec les notations suivantes : F le taux de change à terme, S le taux de change au comptant, le taux d'intérêt sur les euros, $_0R_1^{EUR}$, et le taux d'intérêt sur les dollars US, $_0R_1^{USD}$, pour la période de 0 à 1, on obtient :

$$1 \text{ EUR} \times S \times (1 + {_0R_1^{USD}}) \times (1/F) = 1 \text{ EUR} \times (1 + {_0R_1^{EUR}})$$

qui peut encore s'exprimer ainsi $\frac{F}{S} = \frac{1 + {_0R_1^{USD}}}{1 + {_0R_1^{EUR}}}$ ou

$$\frac{F - S}{S} = \frac{_0R_1^{USD} - {_0R_1^{EUR}}}{1 + {_0R_1^{EUR}}} \quad (1.1)$$

Cette relation correspond à l'équation 1 du schéma I-1 et constitue la relation de la parité des taux d'intérêt. elle est souvent approximée par la relation suivante :

$$\frac{{}_0F_1 - S_0}{S_0} = {}_0R_1^{\,USD} - {}_0R_1^{\,EUR}$$

Elle s'interprète de la façon suivante.

> *Si les cours sont établis en termes d'unités de monnaie nationale qu'il faut pour acheter une unité de monnaie étrangère, le taux de report ou de déport de la monnaie étrangère vis-à-vis de la monnaie nationale est égal au différentiel taux d'intérêt de la monnaie nationale – taux d'intérêt de la monnaie étrangère.*
>
> *Inversement, si les cours sont établis en termes d'unités de monnaie étrangère qu'il faut pour acheter une unité de monnaie nationale (cas de la zone euro), le taux de déport ou de report de la monnaie étrangère vis-à-vis de la monnaie nationale est égal au différentiel taux d'intérêt de la monnaie étrangère – taux d'intérêt de la monnaie nationale.*
>
> *Une monnaie avec un taux d'intérêt élevé est dite faible, tandis qu'une monnaie avec un taux d'intérêt bas est dite forte. Une devise associée à un taux d'intérêt plus élevé que celui lié à la monnaie nationale se négociera avec un déport à terme reflétant l'attente d'une dépréciation de cette devise. Une devise avec un taux d'intérêt plus bas que celui de la monnaie nationale se négociera avec un report à terme reflétant l'attente d'une appréciation de cette devise. Lorsque les taux d'intérêt sont identiques, les deux monnaies sont dites au pair, le cours à terme est égal au cours au comptant.*

Deux formes de la parité des taux d'intérêt existent :
– la parité des taux d'intérêt couverte qui est celle que nous venons de présenter ;
– la parité des taux d'intérêt ouverte qui correspond à la précédente, mais au lieu de prendre le cours à terme et donc de couvrir les flux attendus à l'échéance, le cours au comptant futur anticipé est utilisé, la position à terme n'est pas couverte et on obtient la relation suivante :

$$\frac{{}_0R_1^{\,USD} - {}_0R_1^{\,EUR}}{1 + {}_0R_1^{\,EUR}} = \frac{E(S_1) - S_0}{S_0} \qquad (1.2)$$

Elle correspond à la relation (5) du schéma (I-1) et est une combinaison des relations 1 et 4 ou 2 et 3.

6.2. *La relation entre les taux d'inflation et les taux de change : la parité des pouvoirs d'achat*

La relation la plus traditionnelle en finance internationale est celle de la parité des pouvoirs d'achat, elle constitue souvent une hypothèse de base de nombreuses théories sur les taux de change. Elle est représentée par l'équation 2 du schéma I-1 qui est la suivante :

$$\frac{E(I^{USD}) - E(I^{EUR})}{1 + E(I^{EUR})} = \frac{E(S_1) - S_0}{S_0} \qquad (1.3)$$

Sous sa forme la plus simple, elle établit que les taux de change s'ajustent parfaitement aux différentiels d'inflation, de manière à ce que les pouvoirs d'achat des différentes monnaies soient identiques.

Lorsque les variations des taux de change sont dues uniquement aux différentiels d'inflation, le risque de change est nominal. Elle n'y a pas de modification réelle de la valeur de la monnaie et de risque de change réel.

Cette relation est souvent approximée de la façon suivante :

$$(S_t - S_0)/S_0 = E(I^{USD}) - E(I^{EUR}) \qquad (1.4)$$

Exemple : si S_0 = 1 EUR/1,25 USD, I^{USD} = 10 % et I^{EUR} = 20 %, alors $(S_t - S_0)/S_0 = -0{,}10$ et S_t = 1 EUR/1,125 USD.

6.3. *La relation entre les taux d'intérêt nominaux et les taux d'inflation : la relation de Fisher internationale*

Elle correspond à l'équation 3 du schéma I-1 :

$$\frac{R^{USD} - R^{EUR}}{1 + R^{EUR}} = \frac{E(I^{USD}) - E(I^{EUR})}{1 + E(I^{EUR})} \qquad (1.5)$$

Elle découle de la relation de Fisher qui lie dans l'univers national les taux d'intérêt et les taux d'inflation, selon laquelle le taux d'intérêt nominal, R, est exprimé de la façon suivante :

$$1 + R = (1 + r)\,(1 + E(I)) \qquad (1.6)$$

où

R : le taux d'intérêt nominal sur la période considérée.

r : le taux d'intérêt réel sur la période considérée.

E(I) : le taux d'inflation anticipée pour la période considérée.

Pour démontrer la relation (1.5), il faut considérer la relation de Fisher dans le cas français (euro) et dans le cas américain (dollar américain), ce qui donne :
– cas français : $1 + R^{EUR} = (1 + r^{EUR})\,(1 + E(I^{EUR}))$;
– cas américain : $1 + R^{USD} = (1 + r^{USD})\,(1 + E(I^{USD}))$.

Ensuite, il faut diviser ces deux équations terme à terme :

$$\frac{1 + R^{USD}}{1 + R^{EUR}} = \frac{(1 + r^{USD})\,(1 + E(I^{EUR}))}{(1 + r^{EUR})\,(1 + E(I^{EUR}))}$$

Enfin, si comme le suppose Fisher les taux d'intérêt réels sont les mêmes partout, il suffit de simplifier pour obtenir la contrepartie de la relation de Fisher au niveau international, soit la relation internationale de Fisher :

$$\frac{1 + R^{USD}}{1 + R^{EUR}} = \frac{1 + E(I^{USD})}{1 + E(I^{EUR})} \qquad (1.7)$$

qui peut encore s'écrire sous la forme de l'équation (1.5). Elle est souvent présentée sous la forme approximative suivante :

$$R^{USD} - R^{EUR} = E(I^{USD}) - E(I^{EUR})) \qquad (1.8)$$

c'est-à-dire que le différentiel entre les taux d'intérêt nominaux est égal au différentiel entre les taux d'inflation anticipés.

6.4. *La relation de change à terme*

L'équation 4 du schéma I-1 correspond à l'hypothèse d'efficience du marché des changes. Cette relation établit que si le marché des changes est efficient, les cours cotés sur ce marché reflètent toute l'information disponible. En conséquence, le cours de change à terme est la meilleure anticipation du cours de change au comptant futur, ce qui se traduit par l'équation suivante :

$${}_0F_1 = E\,(S_1) \qquad (1.9)$$

ou par

$$\frac{{}_0F_1 - S_0}{S_0} = \frac{E(S_1) - S_0}{S_0} \qquad (1.10)$$

La relation de change à terme indique que le cours à terme doit être égal au cours au comptant futur ; ce qui revient à dire que le cours à terme est un prédicteur non biaisé du cours au comptant futur. Malheureusement, les analyses empiriques mettent en évidence que le cours à terme n'est pas un prédicteur sans biais du cours au comptant futur.

D'une manière générale, les analyses empiriques des différentes relations économiques internationales concluent qu'en dehors de la parité des taux d'intérêt couverte, elles sont loin d'être corroborées par les faits. Elles donnent malgré tout des indications à long terme sur l'évolution des cours de change et tout au moins sur le sens de cette évolution.

7. La prévision des cours de change au comptant futurs

Concernant la prévision des cours de change, on peut distinguer trois types de modèles :

- Les modèles économiques.

Ils se basent sur certaines théories économiques pour déterminer le cours de change au comptant futur. Ce sont en fait des modèles où à partir d'une théorie économique, on spécifie certains facteurs économiques censés influencer les cours de change. Il faut ensuite, à partir de données observées, quantifier le lien entre les cours de change et les facteurs économiques.

Par exemple, si la théorie utilisée indique que le comportement du cours de change en t (unités de monnaies du pays 2 pour une unité du pays 1) dépend du différentiel de croissance des masses monétaires, du différentiel d'intérêt entre les deux pays, et du cours de change de la période précédente, la relation suivante sera testée sur des données passées.

$$\Delta S_t = a_1 + a_2\, dM_t + a_3\, dI + b\, \Delta S_{t-1} \qquad (1.11)$$

où ΔS est la variation du cours de la devise, dM le différentiel de masse monétaire entre les pays 2 et 1, dI le différentiel de taux d'intérêt entre les pays 2 et 1.

Les coefficients a_1, a_2, a_3 et b sont alors estimés et cette relation est utilisée pour faire des extrapolations dans le futur. Il faut noter cependant que cela nécessite des prévisions sur le comportement futur des variables utilisées et des coefficients stables dans le temps.

• L'analyse technique.

Cette méthode fait des recommandations d'achat ou de vente en se basant sur des analyses des courbes des cours ou d'autres indicateurs.

• Les modèles statistiques.

Ils utilisent le comportement passé des cours de change pour obtenir les cours de change futurs (ils supposent implicitement qu'il n'y a pas d'efficience). Ces modèles ont pour objectif de formaliser l'évolution temporelle des cours de change et ainsi de déterminer quelle devrait être l'évolution future des cours de change.

En règle générale, les modèles économiques, éventuellement les modèles statistiques, sont utilisés dans le processus d'allocation des actifs à long terme tandis que l'analyse technique est utilisée dans les opérations à court terme.

Euromoney fournit chaque année une mesure des performances des principaux services de prévision. Bien que les résultats varient chaque année, il apparaît clairement que la prévision des cours de change est un exercice difficile et qu'il n'y a pas de modèle permettant de battre systématiquement le marché ; c'est-à-dire capable de faire en moyenne une meilleure prévision que celle faite par les marchés des changes, en l'occurrence, le cours à terme.

Les autres instruments de change : contrats de futures, options et swaps de devises

Les contrats de futures, les options et les swaps sur devises constituent des marchés étroitement imbriqués avec les marchés des changes car les prix de ces actifs sont par définition liés aux cours des monnaies. Ces actifs sont appelés actifs dérivés car ils dépendent d'un autre actif, ici, les cours de change. L'utilité première de ces actifs, à l'origine de leur création, est de couvrir le risque de change généré par les fluctuations des cours de change.

En premier, sont présentés les contrats de futures sur devises, ensuite, les options de change et enfin, les swaps de devises.

1. Les contrats de futures sur devises

Fin 2007, l'encours des contrats de futures sur devises représentait d'après la Banque des Règlements Internationaux 159 milliards de dollars américains, chiffre non négligeable, mais malgré tout nettement inférieur à celui du marché de gré à gré des changes à terme et des swaps de change de l'ordre de 29 144 milliards de dollars à la même époque.

Les premiers contrats de futures sur devises ont été créés sur l'International Monetary Market (IMM), une division du Chicago Mercantile Exchange en 1972. Depuis, des contrats de futures sur devises ont été créés sur d'autres marchés, par exemple, le New York Futures Exchange, le London International Financial Futures Exchange (LIFFE), et le Singapore International Monetary Exchange (SIMEX). L'International Monetary Market (IMM) de la bourse de marchandises de Chicago (CME) est actuellement le marché le plus actif.

1.1. Définition

> *Les contrats de futures sur devises sont des contrats au terme desquels les opérateurs s'engagent à acheter ou à vendre une certaine quantité de devises, à un cours et à une date fixés à l'avance.*

La définition est identique à celle des contrats de change à terme (forward), à la différence près que ces derniers sont négociés sur un marché de gré à gré alors que les contrats de futures sont négociés sur un marché organisé, localisé à un endroit bien précis. Les différences entre les contrats de futures et forward sont examinées ultérieurement car pour bien les appréhender, il faut tout d'abord présenter le principe d'une opération sur contrats de futures et les caractéristiques des marchés de contrats de futures.

1.2. Exemples de contrats de futures et caractéristiques d'un marché de contrats de futures

1.2.1. Caractéristiques d'un contrat de futures

Exemple : sur l'IMM de Chicago, le contrat sur euros, mis en place en 2000, porte sur 125 000 EUR. L'activité sur ce type de contrat est mesurée par le volume des transactions, c'est-à-dire le nombre de transactions effectuées pendant une période de temps donnée (en général jour, mois ou année), et par la position ouverte *(open interest)* qui est égale au nombre de contrats en cours qui ont été achetés ou vendus et pas encore dénoués par une opération de sens inverse ou par une livraison effective. Si vous achetez ou vendez un contrat, vous devez faire un dépôt initial de 2 835 USD (marge initiale) et ce dépôt ne doit jamais descendre en dessous de 2 100 USD (marge de maintenance). Sur les places européennes, il n'y a pas de différence entre le dépôt initial et la marge de maintenance.

Les niveaux de marges intiale et de maintenance peuvent être modifiés par les bourses, en fonction entre autres de la volatilité de la devise. La variation de prix minimal est pour l'euro de 0,0001 USD pour un euro négocié, soit 12,5 USD pour un contrat de 125 000 euros. Les mois d'échéance sont au nombre de six, un par trimestre (mars, juin, septembre et décembre) ; par exemple, en janvier

2009, un contrat aura six échéances : mars 2009, juin 2009, septembre 2009, décembre 2009, mars 2010 et juin 2010. Le jour d'échéance étant le troisième mercredi du mois d'échéance considéré, la dernière transaction (achat ou vente du future) possible deux jours avant l'échéance et le règlement (échange des devises) deux jours après l'échéance.

Les produits négociés sur les marchés de contrats de futures sont en fait standardisés en terme de montants, de dates d'échéance et de marges. Toutes ces caractéristiques dépendent de la bourse considérée et peuvent être modifiées par les instances dirigeantes des bourses.

Les cotations peuvent être établies à la criée et localisées physiquement dans la bourse considérée, mais aussi par un système électronique appelé le Globex. À Chicago, le cours est égal au nombre d'unités de dollars qu'il faut pour acheter une unité de monnaie étrangère. Contrairement aux marchés des changes, il y a un seul cours coté et non pas un cours acheteur et un cours vendeur. En revanche, les clients payent une commission à leur intermédiaire financier.

Comme sur tous les marchés organisés, il existe une chambre de compensation qui se porte légalement contrepartie dans toutes les transactions, garantissant ainsi la bonne fin des opérations, même en cas de défaillance de l'autre participant. Toutes les opérations réalisées sur le marché s'effectuent par son intermédiaire. La chambre de compensation ne prend jamais de position, elle se substitue à chaque vendeur ou acheteur. Pour se protéger contre la non-exécution d'un contrat par un acheteur ou un vendeur, elle demande un dépôt de garantie, marge initiale, qui varie de 1 à 10 % du montant du contrat en fonction de la volatilité de ce contrat. Le montant du dépôt est calculé de manière à couvrir toute baisse de valeur du contrat sur au moins deux journées ; ce qui permet à la chambre de compensation de demander aux opérateurs de reconstituer leur dépôt de garantie en cas de perte et éventuellement de clore leur compte s'ils ne peuvent pas le faire. Ce dépôt est effectué en liquide et ne rapporte aucun intérêt, quoique les courtiers de certaines places autorisent certains clients à déposer des bons du Trésor qui par définition sont rémunérés.

Exemple : si le dépôt initial est égal à 2 835 USD et la marge de maintenance à 2 100 USD, si vos pertes sont égales à 500 USD, votre dépôt baisse à 2 335 USD, il est supérieur à 2 100 USD, il n'y a pas d'appel de marge[1]. En revanche, si vos pertes sont égales à 1 000 USD, votre dépôt baisse à 1 835 USD, il est inférieur à 2 100 USD, il y a un appel de marge de 1 000 USD (2 835 – 1 835), ce qui permet de reconstituer la marge initiale de 2 835 USD.

> *Sur ces marchés de contrats de futures, toutes les opérations sont évaluées au prix de marché chaque jour* (marked to market) *et les comptes sont valorisés au prix de marché afin de calculer les gains et les pertes d'une séance à l'autre. Les pertes sont imputées au dépôt et il y a des appels de marge (appels de fonds) pour combler ces pertes. S'il n'y a pas de réponses à l'appel de marge, le compte est clos. Si la marge de maintenance est égale au dépôt initial, il y a un appel de marge dès qu'une perte est constatée. En revanche, si la marge de maintenance est différente du dépôt initial, comme sur l'IMM de Chicago, lorsque les pertes sont telles que le dépôt est inférieur à la marge de maintenance, il y a un appel de marge qui aura pour objet de reconstituer non pas la marge de maintenance, mais le dépôt initial.*

1.2.2. Exemple de cotation de contrats de futures sur devises

Le tableau II-1 donne un exemple de cotation de contrats de futures sur devises. Sur ce tableau, sont données les cotations de cinq contrats sur devises le mercredi 17 mars 2010. Pour chaque contrat, il y a deux ou trois lignes de cotation qui correspondent à deux ou trois échéances : juin, septembre et décembre.

Les lignes correspondant au contrat sur yen indiquent le montant standard d'un contrat, 12,5 millions de yens et le mode de cotation, en dollars pour 100 yens. Pour l'échéance juin 2010, sont affichés le cours d'ouverture *(open)*, 0,011085 USD pour 1 JPY, le plus haut cours de la journée, 0,011114, le plus bas de la journée, 0,011028, le cours de clôture, 0,011094, la variation de cours entre le cours de clôture d'hier et celui d'aujourd'hui, + 0,000009. Le volume de transactions pour ce contrat à l'échéance

1. Si la marge de maintenance était égale au dépôt de garantie, il y aurait un appel de marge de 500 USD.

TABLEAU II-1

Cotation de contrats de futures sur devises

International Monetary Market (IMM), filiale du Chicago Mercantile Echange (CME) (17 mars 2010)

	Open	**High**	**Low**	**Settle**	**Change**	**Vol**	**Previous day Interest position**
EUROS (EUR) – 125 000 euros ; $ per euro							
Ju 10	1,3771	1,3819	1,3725	1,3754	– 0,0003	254 194	162 157
Sep 10	1,3772	1,3814	1,3726	1,3751	– 0,0004	772	1 582
Dec 10	1,3765	1,3789	1,3748	1,3747	– 0,0005	1	78
JAPAN YEN (CME) – 12,5 million yen ; $ per yen							
Ju 10	0,011085	0,011114	0,011028	0,011094	+ 0,000009	92 260	95 724
Sep 10	0,011083	0,011121	0,011039	0,011004	+ 0,000010	396	244
Dec 10	0,011115	0,011117	0,011067	0,011109	+ 0,000006	1	31
CANADIAN DOLLAR (CME) – 100 000 dollars. ; $ per Can $							
Ju 10	0,9860	0,9930	0,9854	0,9912	+ 0,0057	57 623	132 457
Sep 10	0,9852	0,9925	0,9852	0,9907	+ 0,0057	290	1 170
Dec 10	0,9860	0,9911	0,9846	0,9896	+ 0,0057	14	858
BRITISH POUND (CME) – 62.500 pds. ; $ per pound							
Ju 10	1,5240	1,5375	1,5200	1,5321	+ 0,0097	137 645	121 261
Sep 10	1,5213	1,5364	1,5195	1,5313	+ 0,0095	627	265
SWISS FRANC (CME) – 125 000 francs ; $ per franc							
Ju 10	0,9485	0,9525	0,9472	0,9505	+ 0,0022	37 357	31 663
Sep 10	0,9513	0,9532	0,9481	0,9513	+ 0,0022	37	489

considérée est égal à 92 260 le 17 mars 2010 et la position ouverte *(open interest)*, c'est-à-dire le nombre de contrats achetés et vendus non dénoués pour cette échéance, est égale à 95 724 contrats la veille, soit le 16 mars 2010.

1.3. Principe d'une opération sur contrats de futures

Il y a deux positions possibles, soit vous êtes acheteur d'un contrat de futures (position longue), soit vous êtes vendeur d'un contrat de futures (position courte).

Exemple : si vous avez besoin d'euros dans trois mois pour régler l'achat de marchandises importées, vous allez acheter des contrats de futures sur l'euro dont l'échéance est dans trois mois ; ce qui permet de garantir, comme avec un contrat de forwards, le cours auquel vous allez acheter ces euros. En revanche, si vous attendez dans trois mois une rentrée d'euros, vous allez vendre des contrats de futures sur l'euro à échéance trois mois.

À titre d'exemple, sur l'International Monetary Market (IMM), une division du Chicago Mercantile Exchange (CME), le contrat de futures sur euros est coté le 17 mars 2010, pour l'échéance septembre 2010, 1,3751 USD pour 1 EUR. Le contrat porte sur un montant de 125 000 EUR. Pour simplifier, nous supposons que le cours de change au comptant est aussi égal à 1,375 USD/1 EUR.

Lors de l'achat de ce contrat de futures le 17 mars 2010, il est possible d'analyser les gains et les pertes à l'échéance en fonction des cours possibles en septembre 2010 en supposant que la position sera soldée (c'est-à-dire que si on est acheteur, on revend instantanément les devises). Le tableau II-2 résume cette analyse effectuée par rapport aux positions au comptant afin de bien mettre en évidence les différences en termes de gain ou perte, de rentabilité et de risque.

Pour bien comprendre le tableau, il suffit de prendre le cas où, à l'échéance, le cours de l'euro est égal à 1,4 USD pour 1 EUR.

Dans la première partie du tableau "Achat", la vente s'effectue à 1,4 USD pour 1 EUR alors que l'achat a eu lieu à 1,3751 USD pour 1 EUR, le gain total est égal à 125 000 EUR × (1,4 – 1,3751) = 3 112,5 USD. Compte tenu d'un dépôt initial de 2 835 USD, la rentabilité de la position futures est égale à 3 112,5 USD/2 835 USD = 109,7 % alors que, compte tenu d'un investissement initial de 125 000 EUR × 1,3751 soit 171 887,5 USD, la rentabilité de la position au comptant est égale à 3 112,5 USD/171 887,5 USD, soit 1,81 %. Dans la deuxième partie du tableau "Vente", les mêmes chiffres sont obtenus avec le signe opposé car, dans ce cas, la position est celle de vendeur de future ou de vente à découvert.

TABLEAU II-2

Gains, pertes et rentabilités associés à des positions sur futures et au comptant

Cours	Position	Achat	Le 17/03/10	Position	Vente	Le 17/03/10
nbre USD/1 EUR	gain ou perte en USD	rentabilité position (achat futures le 17/03 et vente futures à l'échéance en septembre) en %	rentabilité position (achat au comptant le 17/03 et vente au comptant à l'échéance en septembre) en %	gain ou perte en USD	rentabilité position (vente futures le 17/03 et achat futures à l'échéance) en %	rentabilité position (vente à découvert au comptant le 17/03 et achat au comptant à l'échéance en septembre) en %
0,5	– 109 387,5	– 3 858,47	– 63,64	109 387,5	3 858,47	63,64
0,6	– 96 887,5	– 3 417,55	– 56,37	96 887,5	3 417,55	56,37
0,7	– 84 387,5	– 2 976,63	– 49,09	84 387,5	2 976,63	49,09
0,8	– 71 887,5	– 2 535,71	– 41,82	71 887,5	2 535,71	41,82
0,9	– 59 387,5	– 2 094,80	– 34,55	59 387,5	2 094,80	34,55
1,0	– 46 887,5	– 1 653,88	– 27,28	46 887,5	1 653,88	27,28
1,1	– 34 387,5	– 1 212,96	– 20,01	34 387,5	1 212,9	20,01
1,2	– 21 887,5	– 772,05	– 12,73	21 887,5	772,05	12,73
1,3	– 9 387,5	– 331,13	– 5,46	9 387,5	331,13	5,46
1,4	3 112,5	109,79	1,81	– 3 112,5	– 109,79	– 1,81
1,5	15 612,5	550,71	9,08	– 15 612,5	– 550,71	– 9,08
1,6	28 112,5	991,62	16,36	– 28 112,5	– 991,62	– 16,36
1,7	40 612,5	1 432,54	23,63	– 40 612,5	– 1 432,54	– 23,63
1,8	53 112,5	1 873,46	30,90	– 53 112,5	– 1 873,46	– 30,90

NB : la vente (achat) futures à l'échéance et la vente (achat) des devises au comptant à l'échéance se traduisent par la même chose, c'est-à-dire une vente (achat) de devises au cours comptant constaté à l'échéance.

* : vente au comptant à découvert ou vente à terme par combinaison d'une vente au comptant, d'emprunt et de placement.

La comparaison des rentabilités des positions au comptant et des positions futures, celle de la position au comptant étant égale à 1,8 % pour un cours de 1,4 USD pour 1 EUR et celle de la rentabilité de la position sur contrats de futures à 109,79 %, montre qu'il y a un effet multiplicateur égal à 60,65 qui correspond approximativement au rapport entre le montant initial du contrat, 171 887,5 USD, et le montant du dépôt initial, 2 835 USD. La position sur les contrats de futures est beaucoup plus spéculative que la position au comptant avec des possibilités de gain en pourcentage beaucoup plus intéressantes mais aussi des possibilités de perte en pourcentage beaucoup plus importantes.

Avec une position achat au comptant, la perte maximale est égale à la mise, alors qu'avec une position achat de contrats de futures, si la mise est beaucoup plus faible, la perte peut être beaucoup plus importante que la mise elle-même. Dans le cas du contrat sur euro coté 1,3751 USD/1 EUR, la perte maximale est égale à 1,3751 × 125 000, soit 171 887,5 dollars ; c'est-à-dire que dans le pire des cas, il faut acheter les euros à 1,3751 USD pour 1 EUR pour les revendre 0 (cours comptant à l'échéance égal à 0). En revanche, le gain maximal potentiel est infini car si le cours au comptant de l'euro est infini (théorique), l'achat a lieu à 1,3751 USD pour 1 EUR et la vente à l'infini.

Quant à la position vendeuse de contrats de futures, elle se serait traduite dans les mêmes conditions par l'obligation de vendre à l'échéance les euros à 1,3751 USD pour 1 EUR. Dans le cas où l'on ne détient pas les euros, il faut alors les acheter au comptant. Le cours en théorie pouvant être infini, la perte potentielle peut être infinie. En revanche, le gain est limité car le cours le plus faible auquel on peut acheter les euros à l'échéance est zéro ; l'achat des 125 000 EUR s'effectue donc à zéro et leur vente à 1,3751 USD pour 1 EUR, ce qui donne un gain égal à 1,3751 USD × 125 000, soit 171 885,5 dollars.

Ces analyses montrent que les positions "achat de futures" et "vente de futures" comme les positions "achat à terme" et "vente à terme" sont des positions risquées lorsqu'elles sont considérées seules. En revanche, lorsqu'elles sont utilisées à titre de couverture, l'analyse est totalement différente, ce qui est mis en évidence dans le prochain chapitre. Par exemple, si vous avez besoin d'euros à une échéance donnée, vous allez acheter un contrat de futures sur euros, ce qui vous permet de connaître à l'avance le cours qui sera appliqué lors de l'achat de ces euros ; il n'y a plus de surprise, le risque de change est nul.

Le graphique II-1 représente graphiquement les résultats de la position achat de contrats de futures le 17/03 et vente à l'échéance. En utilisant la première et la troisième colonne du tableau II-4, une droite exprimant la relation entre les cours de la devise et la rentabilité de cette opération est obtenue.

GRAPHIQUE II-1

Rentabilités de la position :
achat de contrats de futures le 17/03 et vente à l'échéance

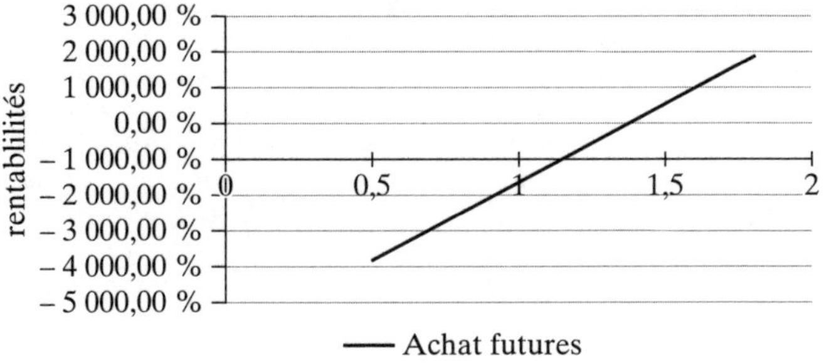

1.4. Les différences entre les contrats de futures et forward

Les principales différences sont les suivantes :

– Le contrat forward est par définition un contrat non standardisé qui peut être adapté aux clients en terme de montant et de date de livraison alors que le contrat de futures est le même en terme de montant et de date de livraison pour tous les clients.

– Le contrat forward est directement négocié entre deux opérateurs, en général une banque et un client alors que le contrat de futures est acheté ou vendu par la chambre de compensation de la bourse considérée qui se porte garante de la bonne fin de toutes les opérations.

– Le fait que les contrats de futures sont négociés et cotés sur une bourse permet de solder facilement une position en réalisant la même opération en sens inverse tandis que ceci est très difficile avec un contrat forward. Il faut soit trouver une personne qui accepte de reprendre le contrat, soit que la banque contrepartie accepte de clore le contrat. Il y a donc un problème de liquidité avec les contrats forward.

La principale différence entre les contrats forward et de futures est le système d'appel de marge. En règle générale, quel que soit le type de contrat, on vous demande de faire un dépôt de garantie initial pour couvrir toute perte éventuelle. Avec un contrat de futures, la chambre de compensation vous demande en cas de perte en cours de vie du contrat de la combler afin que le dépôt de garantie soit toujours au même niveau (si le dépôt de garantie doit être égal à la marge de maintenance). En revanche, avec un contrat forward, il n'y a pas obligatoirement d'appel de marge en cours de vie du contrat ; ce qui se traduit par un risque de contrepartie dû au fait qu'à l'échéance du contrat, la perte constatée peut être supérieure au dépôt de garantie et que la contrepartie refuse de respecter ses engagements.

Pour limiter ce risque de contrepartie, certaines banques incluent, lors de la négociation des contrats forward, une clause leur permettant de faire des appels de marge.

Ces différents éléments expliquent qu'en particulier les frais de transaction sont moins élevés sur un contrat de futures que sur un contrat forward.

1.5. Le prix et le cours d'un contrat de futures sur devises

Dans la réalité, le terme prix d'un contrat de futures est souvent utilisé en lieu et place du cours auquel les devises sous-jacentes seront achetées ou vendues à l'échéance. Le prix d'un contrat de futures se résume en réalité aux frais de transaction d'un contrat de futures.

Le cours d'un contrat de futures s'exprime exactement de la même manière que celui d'un contrat de forwards, il résulte de l'application de la parité des taux d'intérêt. Dans son expression la plus simple, le cours du contrat de futures va être le résultat d'une opération d'arbitrage entre le cours du contrat de futures, le cours de la devise au comptant et les taux d'intérêt des prêts et emprunts dans les devises concernées pour l'échéance considérée. Cette opération d'arbitrage est exactement du même type que celle permettant d'obtenir la relation de la parité des taux d'intérêt présentée dans le chapitre I.

Si F est le cours du contrat de futures sur euros coté en nombre de USD pour 1 EUR, S le cours au comptant EUR/USD, R^{EUR} le taux d'intérêt annuel sur le marché des euro-euros et R^{USD} le taux d'intérêt annuel sur le marché des euro-dollars, alors, le cours du contrat de futures F à échéance d'un an est tel que :

$$F = S + S\frac{R^{USD} - R^{EUR}}{1 + R^{EUR}} \qquad (2.1)$$

Cette relation correspond à l'équation (1.1) sauf que les cotations ne sont pas données dans le même sens.

Exemple : si $R^{EUR} = 10\ \%$, $R^{USD} = 5\ \%$
et S = 1,2000 USD/1 EUR

$$F = 1{,}2 + 1{,}2\ \frac{0{,}05 - 0{,}1}{1{,}1} = 1{,}1454 \text{ USD/1 EUR.}$$

Dans la terminologie des marchés de futures, *la différence entre le cours du contrat de futures et le cours au comptant, F – S, s'appelle la base, B ; ici,*

$B = S \times \frac{R^{USD} - R^{EUR}}{1 + R^{EUR}}$. À l'échéance, la base est égale à zéro.

En effet, dans cette relation, les taux d'intérêt sont nuls lorsqu'on arrive à l'échéance et F = S. Si ce n'était pas le cas, il y aurait une relation d'arbitrage instantanée. Pendant la durée de vie du contrat de futures, cette base varie. Ceci signifie que les cours du contrat de futures et comptant n'évoluent pas exactement de la même manière et que dans le cas où l'on veut couvrir le risque de change, les gains et les pertes d'une position sur contrats de futures ne vont pas compenser exactement les gains et les pertes d'une position au comptant si l'on veut dénouer l'opération avant l'échéance. Ceci est explicité en détail dans le chapitre consacré à la gestion du risque de change. Il y a donc un risque de base lorsqu'un contrat de futures est dénoué avant son échéance.

Implicitement, dans cette relation, on suppose qu'il n'y a pas de dépôt initial ni d'appel de marge. Le problème concernant le dépôt initial se pose aussi pour les contrats à terme (forward), car en règle générale les banques demandent un dépôt dans ce cas de figure. La seule différence est en fait le problème d'appel de marge qui peut introduire une différence entre le cours à terme (forward) et le cours du contrat de futures.

Ces appels de marge possibles pendant la durée de vie du contrat associent à une position sur contrats de futures *un risque de trésorerie.* Ce risque se matérialise par un gain (ou une perte) dont le montant inconnu de chacune des parties au moment où elles contractent, est égal aux intérêts créditeurs (débiteurs) sur des placements (emprunts) résultant des appels de marge en cours de vie du contrat.

L'utilisation des contrats de futures sur devises pour couvrir le risque de change est exposée dans le prochain chapitre.

2. Les options sur devises

Les options sur devises sont comme les contrats de futures sur devises des actifs dérivés car elles sont liées à un autre actif, les devises. La principale différence entre les options et les contrats de futures est le fait qu'il n'y a pas d'obligation d'acheter ou de vendre l'actif sous-jacent lorsqu'on est détenteur d'une option. L'option est un actif conditionnel. Il existe des options sur devises ou de change aussi bien sur les marchés organisés que sur les marchés de gré à gré. Fin décembre 2007, l'encours sur les marchés organisés d'options de change était de 133 milliards de dollars alors qu'il représentait 12 748 milliards de dollars sur les marchés de gré à gré.

Les premiers contrats d'options sur devises véritablement négociés furent introduits en 1982 sur le marché d'Amsterdam, The European Options Exchange, et sur la bourse de Philadelphie. Cette dernière représente le plus grand marché organisé d'options sur devises, mais fondamentalement, les options de change se négocient sur les marchés de gré à gré.

Les marchés de gré à gré d'options de change proposent des contrats dont toutes les caractéristiques peuvent être négociées, que ce soit le montant, le prix et la date d'exercice. Ces contrats de gré à gré peuvent être proposés par toutes les banques commerciales et d'affaires dans les différents centres financiers. Les principaux centres sont Londres et New York et les principales monnaies traitées sont le dollar américain, l'euro, la livre sterling, le franc suisse, le yen et le dollar canadien. Les options de gré à gré sont généralement négociées par lots de 5 à 10 millions de dollars à New York et par lots de 2 à 3 millions de dollars à Londres. La maturité moyenne de ces options se situe entre 2 et 6 mois, il y a très peu d'options de change de gré à gré d'échéance supérieure à un an.

2.1. Définition et différents types d'option

> *Une option sur devises est un titre qui donne le droit à son porteur, l'acheteur de l'option, le droit et non l'obligation d'acheter (option d'achat, call option) ou de vendre (option de vente, put option) une quantité déterminée de devises à un prix convenu à l'avance, le prix d'exercice (strike price), et à une date convenue à l'avance, moyennant le paiement d'une prime (premium).*

Contrairement au cas de l'achat ou de vente d'un contrat de futures dont le prix se limite aux frais de transaction, l'achat d'une option se traduit en dehors des frais de transaction par un coût, la prime, plus ou moins conséquent, de l'ordre de 1 à 3 %, voire plus. Ce coût supplémentaire d'une option par rapport à un contrat de futures reflète l'avantage d'une option ; en l'occurrence vous avez un droit mais pas une obligation d'acheter ou de vendre les devises sous-jacentes. En revanche, le vendeur d'une option touche la prime mais a l'obligation de vendre ou d'acheter les devises sous-jacentes.

On distingue les options :

- d'achat (call) qui donnent le droit mais pas l'obligation d'acheter l'actif sous-jacent à l'échéance ;
- de vente (put) qui donnent le droit mais pas l'obligation de vendre l'actif sous-jacent à l'échéance ;
- négociables que l'on retrouve sur les marchés organisés qui sont standardisées en termes de montant, de date et de prix d'exercice ;
- non négociables que l'on retrouve sur les marchés de gré à gré qui sont très souples en termes de montant, de date et de prix d'exercice ;
- européennes que l'on peut exercer uniquement le jour de l'échéance (la plupart des options de change sur les marchés de gré à gré) ;
- américaines que l'on peut exercer à tout moment jusqu'à l'échéance (la plupart des options négociables).

2.2. Le principe d'une option sur devises

Le 17 mars 2010, sur le marché de gré à gré, une option d'achat de 100 000 dollars contre des euros d'échéance 22 mai 2010 et de prix d'exercice 0,8163 euro/1 USD est cotée 0,10 euro par dollar négocié. L'acheteur débourse, le

17 mars 2010, 10 000 euros (0,1 × 100 000 USD). À l'échéance, l'acheteur exercera son option, c'est-à-dire achètera les dollars à 0,8163 euro par dollar si le cours du dollar exprimé en euro est supérieur à l'échéance à 0,8163 euro par dollar. Par exemple, si à l'échéance le cours au comptant du dollar est égal à 0,85 euro, il préférera acheter les dollars grâce à son option au cours de 0,8163 euro plutôt que de les acheter au comptant. Si le cours est inférieur à 0,8163 euro, il n'exercera pas son droit d'achat car il préférera acheter les euros sur le marché au comptant. Le coût de l'option, la prime (premium), est perdue, quelle que soit sa décision.

Le tableau II-3 donne les différents gains et pertes de l'acheteur de l'option dans le cas où il déciderait de revendre sur le marché au comptant les dollars achetés grâce à l'option. Pour analyser les gains et les pertes ou la rentabilité d'une position sur options, il est plus simple de l'analyser dans la monnaie de cotation de l'option. Dans notre exemple, l'option de change étant cotée en euros, les gains et les pertes sont analysés en euros.

Le graphique II-2 donne l'évolution des gains et des pertes en fonction de l'évolution du cours du dollar à l'échéance. L'acheteur de l'option n'exerce pas si le cours du dollar est inférieur à 0,8163 euro, sa perte est alors limitée au prix de l'option payé initialement, soit 10 000 euros pour un contrat de 100 000 dollars. Par comparaison, lors de l'achat d'un contrat de futures, la perte potentielle maximale est égale à 81 630 euros ; l'option est donc plus intéressante. Lorsque le cours du dollar est supérieur à 0,8163 euro, l'acheteur de l'option exerce son option. Si le cours du dollar est supérieur à 0,8163 dollar mais inférieur à 0,9163 dollar (prix d'exercice + prix de l'option), on constate toujours une perte mais elle est inférieure au coût de l'option, il est donc plus avantageux d'exercer l'option. Lorsque le cours du dollar est supérieur à 0,9163 euro, l'acheteur exerce bien sûr l'option et constate globalement un gain qui, à la limite, peut être infini.

L'analyse des rentabilités indique que lorsque l'acheteur n'exerce pas l'option, il perd la totalité de sa mise, la rentabilité de l'opération est négative, elle est égale à – 100 %. Entre 0,8163 euro par dollar et 0,9163 dollar par euro, il exerce mais sa rentabilité est toujours négative, elle est comprise entre – 100 % et 0 %. Au-dessus de 0,9163 euro par dollar, sa rentabilité est positive, elle est comprise entre 0 % et l'infini.

TABLEAU II-3

Évolution des gains et des pertes en euros de la position “achat d’une option d’achat” en fonction du cours à l’échéance

Cours du dollar	Exercice ou non	Gain ou perte en euros compte tenu du coût de l’option	Rentabilité en %
0,4000	NON	– 10 000,00	– 100,00
0,5000	NON	– 10 000,00	– 100,00
0,6000	NON	– 10 000,00	– 100,00
0,7000	NON	– 10 000,00	– 100,00
0,8000	NON	– 10 000,00	– 100,00
0,9000	OUI	– 1 630,00	– 16,30
1,0000	OUI	8 370,00	83,70
1,1000	OUI	18 370,00	183,70
1,2000	OUI	28 370,00	283,70
1,3000	OUI	38 370,00	383,70
1,4000	OUI	48 370,00	483,70
1,5000	OUI	58 370,00	583,70
1,6000	OUI	68 370,00	683,70

GRAPHIQUE II-2

Gains et pertes a ssociés à la position achat d’une option d’achat de dollars

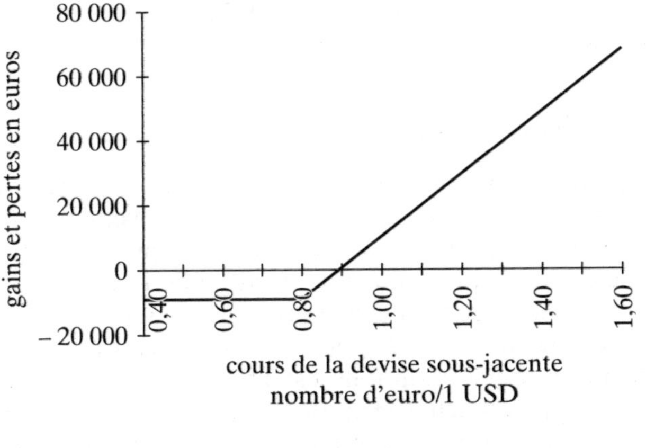

GRAPHIQUE II-3

Gains et pertes associés à une position “achat ou vente d’une option d’achat”

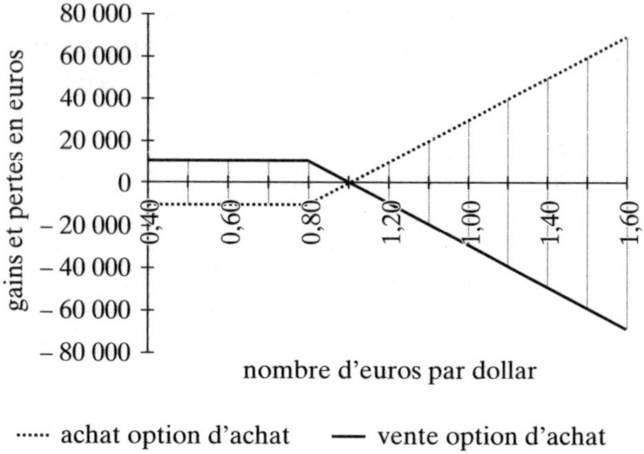

En résumé, comme avec une position sur contrats de futures, il existe un effet levier assez important par rapport à une opération d’achat au comptant de la devise et de revente à l’échéance car au lieu d’acheter la totalité des dollars au départ (si S était égal à 0,8163 dollar par euro, les 100 000 dollars coûteraient 81 630 euros), il suffit d’acheter une option d’une valeur globale de 10 000 euros pour avoir un droit portant sur 100 000 dollars. Le levier est égal dans cet exemple à 8,163. L’avantage de l’option est que par exemple, lors de l’achat d’une option d’achat, la perte potentielle maximale est limitée au coût de l’option alors que la perte potentielle associée à l’achat d’un contrat de futures peut être très importante.

2.3. *Les différentes positions sur options*

Quatre positions sont possibles : acheteur d’une option d’achat, acheteur d’une option de vente, vendeur d’une option d’achat, vendeur d’une option de vente. Le vendeur d’une option subit toujours la décision de l’acheteur, c’est ce dernier qui décide d’exercer (d’acheter ou de vendre) ou non. La particularité des options sur devises par rapport aux autres types d’options est la symétrie : c’est-à-dire qu’une option d’achat (call) de dollars contre des euros est égale à une option de vente (put) d’euros contre des dollars, réciproquement une option de vente (put) de dollars contre des euros est égale à une option d'achat (call) d'euros contre des dollars.

Pour analyser les gains et les pertes associées à ces différentes positions, il est possible de reprendre les mêmes conditions que précédemment : prix d'exercice 0,8163 euro par dollar, coût de l'option, 0,10 euro par dollar, montant de l'option, 100 000 USD. Pour simplifier, le prix de l'option de vente est supposé identique à celui de l'option d'achat.

Le vendeur de l'option (d'achat ou de vente) doit assurer la contrepartie de l'acheteur de l'option (d'achat ou de vente), il subit la décision de l'acheteur qui décide d'exercer ou non. Ayant déjà traité le cas "achat de l'option d'achat", la position "vente de l'option d'achat" se déduit automatiquement ; par exemple, si l'acheteur a un gain de 100, le vendeur a une perte de 100.

L'analyse de la position acheteur de l'option de vente indique que l'acheteur de l'option de vente exercera lorsque le cours du dollar est inférieur à 0,8163 euro. Par exemple, si le cours du dollar est égal à 0,6 euro à l'échéance, il exercera car il achètera les dollars à 0,6 euro pour les revendre à 0,8163 euro. Pour qu'il gagne globalement de l'argent, il faut que le cours soit inférieur à 0,8163 – 0,1, soit 0,7163 euro.

La position "vendeur de l'option de vente" est la symétrique de la précédente.

GRAPHIQUE II-4

Gains et pertes associés à la position "achat ou vente d'une option de vente"

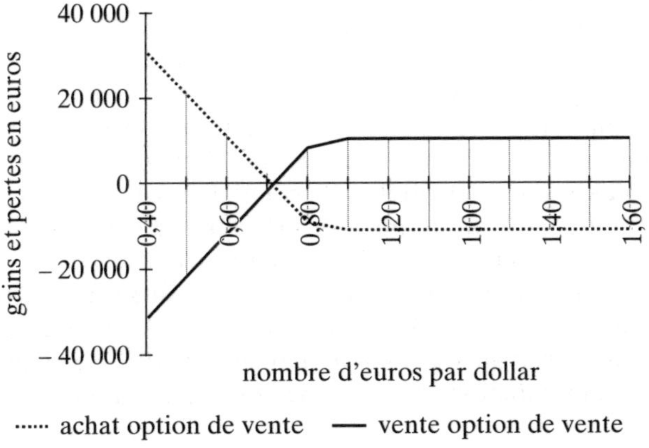

2.4. Le prix d'une option sur devises (premium)

Le prix d'une option sur devises est composé de deux parties : la valeur intrinsèque et la valeur temporelle. Le prix des options de contrats de futures sur devises n'est pas analysé dans cet ouvrage.

2.4.1. Valeur intrinsèque et valeur temporelle

La valeur intrinsèque

La valeur intrinsèque est égale au gain que procurerait l'option si on l'exerçait immédiatement (ou si l'on pouvait l'exercer immédiatement pour une option européenne). Dans le cas où l'exercice de l'option se traduit par une perte, alors il n'y a pas d'exercice et la valeur intrinsèque de l'option est nulle.

Pour une option d'achat, la valeur intrinsèque de l'option est égale à la différence entre le cours de la devise sous-jacente et le prix d'exercice, et pour une option de vente à la différence entre le prix d'exercice et le cours de la devise sous-jacente.

Exemple : sur le marché de gré à gré, si l'euro est coté 1,35 USD, l'option d'achat d'euros de prix d'exercice 1,25 dollars/1 EUR a une valeur intrinsèque égale à 0,10 USD alors que l'option de vente d'euros de prix d'exercice 1,15 USD a une valeur intrinsèque nulle.

Valeur intrinsèque de l'option d'achat = CALL = C = MAX [0, S – E] où C est le prix de l'achat, S le cours au comptant de la devise sous-jacente (dans l'exemple précédent, l'euro) et E le prix d'exercice de la devise sous-jacente (dans l'exemple précédent, l'euro).

Valeur intrinsèque de l'option de vente = PUT = P = MAX [0, E – S] où P est le prix de l'option de vente, S le prix au comptant de la devise sous-jacente de la devise sous-jacente (dans l'exemple précédent, l'euro) et E le prix d'exercice (dans l'exemple précédent, l'euro).

Il faut faire attention aux modalités d'expression des cotations car sinon les relations sont renversées.

La valeur intrinsèque d'une option évolue tous les jours en fonction du cours de l'actif sous-jacent. Le tableau et le graphique suivants résument l'évolution de la valeur de l'option en fonction des cours de l'euro par rapport au dollar.

TABLEAU II-5

Valeurs intrinsèques d'une option d'achat et d'une option de vente

Cours de l'euro en dollars	Valeur intrinsèque de l'option d'achat	Valeur intrinsèque de l'option de vente
0,70	0	0,55
0,80	0	0,45
0,90	0	0,35
1,00	0	0,25
1,10	0	0,15
1,20	0	0,05
1,30	0,05	0
1,40	0,15	0
1,50	0,25	0
1,60	0,35	0
1,70	0,45	0
1,80	0,55	0

GRAPHIQUE II-5

Valeur intrinsèque et temporelle d'une option d'achat

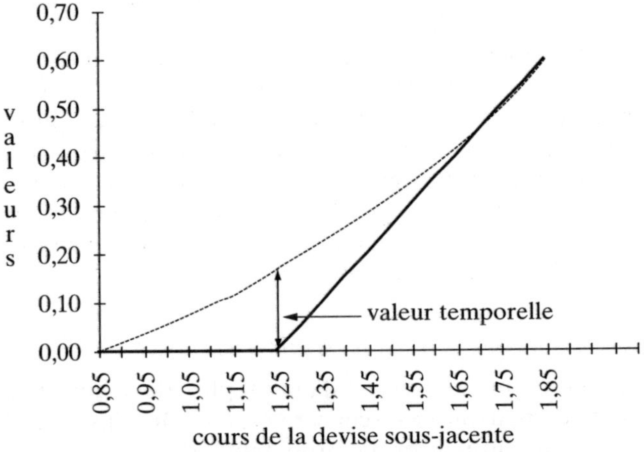

valeur intrinsèque en trait gras prix de l'option en tirets

Une option d'achat (vente) est dite en dedans ("in the money") si son prix d'exercice est inférieur (supérieur) au cours au comptant de la devise sous-jacente. Sa valeur intrinsèque est positive.

Une option d'achat (vente) est dite en dehors ("out the money") si son prix d'exercice est supérieur (inférieur) au cours au comptant de la devise sous-jacente. Sa valeur intrinsèque est nulle.

Une option d'achat (vente) est dite à parité ("at the money") si son prix d'exercice est égal au cours au comptant de la devise sous-jacente. Sa valeur intrinsèque est nulle.

La valeur temporelle

> *La valeur temporelle est égale à la différence entre le prix de l'option et la valeur intrinsèque de l'option.*

Exemple : si l'option d'achat d'euros a un coût (premium) égal à 0,23 dollar par euro alors que le coût (premium) de l'option de vente de dollars est égal à 0,10 dollar par euro. Compte tenu du prix d'exercice 1,25 dollar par euro, si le cours de l'euro au comptant est égal à 1,35 dollar, la valeur intrinsèque de l'option d'achat est égale à 0,10 dollar pour un dollar et sa valeur temporelle à 0,13 dollar (0,23 – 0,1). L'option de vente a une valeur intrinsèque nulle et une valeur temporelle égale au prix de l'option, 0,10 dollar.

D'après le graphique II-5 qui représente l'évolution des valeurs temporelle et intrinsèque, la valeur temporelle la plus élevée se situe aux abords du prix d'exercice. Ceci traduit le fait que c'est près du prix d'exercice que le cours de l'actif sous jacent a le plus de chances de s'écarter fortement de celui-ci. Les gains potentiels sont donc relativement importants lorsque le cours est proche du prix d'exercice et les intervenants sont prêts à payer beaucoup plus que la valeur intrinsèque.

2.4.2. Les facteurs agissant sur le prix d'une option

Le prix d'une option est d'autant plus élevé que la probabilité de pouvoir l'exercer sera élevée. Or, plusieurs éléments vont influencer la probabilité d'exercer ou non l'option et donc son prix.

Nous supposons par la suite que les cotations sont exprimées en nombre d'unités de monnaie nationale pour une unité de devise et que les options considérées permettent d'acheter ou de vendre la devise sous-jacente.

– Le prix d'exercice, E. Plus le prix d'exercice est élevé, moins le prix de l'option d'achat est élevé et inversement pour une option de vente.

– Le cours au comptant de la devise sous-jacente, S. Plus S est élevé, plus le prix de l'option d'achat (vente) est élevé (faible).

– Le taux d'intérêt national, R, et le taux d'intérêt de la devise étrangère, R*.

Le lien est positif (négatif) entre le prix d'une option d'achat (de vente) de devises et le taux d'intérêt national, car en achetant une option d'achat, on prend une position d'achat sans débourser réellement de l'argent. Ceci évite par exemple d'emprunter de l'argent dans son pays (taux d'intérêt national) et donc de payer des intérêts. Or, plus le taux d'intérêt national est élevé, plus cet avantage est conséquent et plus le prix de l'option d'achat sera élevé.

En revanche, le lien est négatif (positif) entre le prix d'une option d'achat (de vente) de devises et le taux d'intérêt étranger, car si en achetant une option d'achat, vous prenez position sur une devise étrangère, vous ne la possédez pas et vous ne pouvez pas la placer. Vous ne touchez pas les intérêts liés à ce placement. Cette perte d'opportunité sera d'autant plus grande que le taux d'intérêt étranger sera élevé et le prix de l'option d'achat (de vente) sera plus faible (élevé).

– La volatilité, σ.

La volatilité mesure la dispersion, les fluctuations des cours (rentabilités plus exactement) de la devise étrangère. En termes statistiques, c'est l'écart-type ou la variance des rentabilités. Plus cette volatilité est élevée, plus les chances de voir monter ou baisser le cours de la devise sous-jacente sont importantes. Les gains et les pertes potentielles sont plus importants lorsque la volatilité est élevée. Cependant, la détention d'une option se traduit par une situation asymétrique par rapport aux gains et pertes, car les pertes sont limitées au montant de la prime alors que les gains potentiels sont illimités. Aussi, le détenteur d'une option à titre spéculatif se préoccupera uniquement des gains potentiels et comme ces gains seront d'autant plus importants que la volatilité est importante, il sera prêt à payer plus cher l'option.

Ceci peut aussi se comprendre en regardant l'objet initial des options, c'est-à-dire la couverture. Plus la devise est volatile, plus l'intérêt de se couvrir est grand et plus les acheteurs d'options sont prêts à payer cher cette option.

Le lien est donc positif entre la volatilité et le prix d'une option, et il est identique que ce soit une option d'achat ou de vente.

– La maturité (durée de vie jusqu'à l'échéance), T.

Normalement, si la durée de vie est plus élevée, les chances de voir les cours de la devise bouger fortement avant l'échéance augmentent ; le raisonnement est alors identique à celui utilisé lors de l'analyse de la volatilité. Le lien est positif entre la maturité et le prix de l'option. En fait, ceci est uniquement vérifié avec des options américaines. Avec les options européennes, il n'y a pas de lien automatique entre la maturité et le prix d'une option.

2.4.3. L'évaluation d'une option sur devises

À titre d'exemple, est présentée la relation la plus connue qui est une extension de la formule de Black et Scholes (1973) dans le cadre international et qui a été développée par Garman et Kohlhagen (1983). Elle s'applique aux options européennes. Pour des présentations de formules d'évaluation des options américaines et autres extensions, le lecteur peut se référer au "Que sais-je" sur les options de change de Marc Chesney et Henri Loubergé (1992) et à l'ouvrage de Rajna Gibson (1993).

En se fondant comme plusieurs relations présentées ici sur le principe d'arbitrage, la formule obtenue est la suivante :

$$C_E\,(E, T) = S \times e^{-r^*T} \times N\,(d_1) - E \times e^{-rT} \times N\,(d_2) \qquad (2.2)$$

où

C_E, C_A, P_E et P_A signifient respectivement les prix des options d'achat (call : C) européennes ($_E$) et américaines ($_A$) et des options de vente (put : P) européennes ($_E$) et américaines ($_A$).

T : la maturité de l'option

S : le cours de change au comptant

e : fonction exponentielle

r* : le taux d'intérêt étranger

E : le prix d'exercice

r : le taux d'intérêt national

N (.) est la fonction de distribution cumulée de la loi normale,

$$d_1 = \frac{\text{Ln}[S \times e^{-r^*T} / E \times e^{-rT}] + \sigma^2/2(T-t)}{\sigma\sqrt{T-t}}$$

$$d_2 = d_1 - \sigma\sqrt{T-t}$$

Le prix de l'option de vente est lié au prix de l'option d'achat par la relation de parité suivante :

$$C_E\,(E, T) - P_E\,(E, T) = S \times e^{-r^*T} - E \times e^{-rT}$$

De nombreux indicateurs permettant en particulier d'améliorer la gestion du risque de change sont déduits des différentes formules d'évaluation des options.

– *Le delta* qui est égal, pour une option d'achat, à la dérivée de C par rapport à S. $\Delta = \delta C/\delta S = e^{-r^*T} \times N(d_1) > 0$; pour une option de vente, il est inférieur à zéro.

Il mesure de combien varie le prix d'une option lorsque le cours de la devise sous-jacente varie d'une unité. Dans l'approche la plus simple de la couverture du risque de change, le ratio de couverture est égal à $1/\Delta$. Par exemple, si le delta est égal à 0,5, cela signifie qu'il faut 1/0,5, soit deux options pour couvrir une position de change d'une unité. Le problème est que ce ratio de couverture varie dans le temps.

– *Le gamma* qui indique de combien varie le delta suite à une variation d'une unité de S, le cours de la devise au comptant.

$$\gamma = \delta\Delta/\delta S.$$

– *Le thêta* (θ) qui indique le lien entre la valeur de l'option et le temps restant à courir jusqu'à l'échéance. Il est positif pour une option américaine et indéfini pour une option européenne. Les résultats sont identiques pour les options de vente et d'achat.

$\theta = \delta C_A/\delta_\tau > 0$ où τ est égal à $T - t$.

$\theta = \delta C_E/\delta_\tau > 0$ ou < 0 où τ est égal à $T - t$.

– *Le véga* (ν) qui donne le lien entre le prix de l'option et la volatilité, σ. $\nu = \delta C/\delta\sigma > 0$, le résultat est le même pour les options de vente.

– *L'oméga* ou l'élasticité-prix qui mesure la variation en pourcentage du prix d'une option suite à une variation de 1 % du prix de la devise sous-jacente. $\Omega = \dfrac{\delta C / C}{\delta S / S} = \Delta \cdot$

si on considère une option d'achat. Ω est positif pour une option d'achat, négatif pour une option de vente.

Tous ces indicateurs permettent d'analyser correctement l'évolution d'une position sur devises et plus particulièrement de mettre en place une gestion dynamique du risque de change présenté dans le chapitre suivant.

3. Les swaps de change et de devises

Les swaps sont des contrats d'échange de flux. Il y a plusieurs types de swaps.
– Les swaps de taux sont des échanges portant sur des emprunts : échange du principal, échange de taux d'intérêt fixe contre des taux d'intérêt variable, échange du remboursement.
– Les swaps de change et de devises sont des contrats d'échange de devises. Lorsqu'ils ont lieu sur le marché interbancaire des changes, on parle de swaps cambistes ou de change ; dans ce cas, il n'y a pas d'échange d'intérêts, uniquement des échanges de devises au départ et à la fin du swap, et une durée de vie inférieure à un an. Les swaps de devises ont lieu sur le marché de gré à gré et en général à plus long terme ; ils permettent d'échanger des conditions de financement. Dans ce cas, il y a toujours des échanges d'intérêts en cours de période. Les différences entre ces deux types de swaps sont détaillées ultérieurement.

Les swaps de change complètent le marché des changes à terme et sont des instruments de couverture du risque de change. Comme les swaps de taux, les swaps de devises sont initialement des moyens d'échanger des conditions de financement ; ils peuvent aussi servir d'instruments de couverture du risque de change et sont même l'un des rares instruments qui permettent de le couvrir à long terme. Il est assez courant de trouver des swaps de devises d'une durée supérieure à trois ans alors que les opérations de change à terme et les swaps cambistes dépassent rarement l'année.

En décembre 2007, l'encours des contrats de change à terme et des swaps cambistes représentait 29 144 milliards de dollars dont 80 % de swaps cambistes. Les swaps cambistes représentent une grosse composante du marché des changes au comptant et à terme, environ 35 % du marché des changes. En termes de transactions journalières, en avril 2007, les swaps cambistes représentaient 1 714 milliards de dollars.

Le marché des swaps de devises est un marché important car il représentait en décembre 2007 un encours de 14 347 milliards de dollars. Ce marché augmente régulièrement puisqu'il a plus que décuplé sur les dix dernières années. Les principaux centres d'activité de ce marché se situent en Europe (Londres en particulier), au Japon, en Australie et à New York.

Sont présentés tout d'abord les swaps de change et de devises, ensuite les caractéristiques des marchés de ces swaps et enfin le prix de ces swaps.

3.1. Définitions

3.1.1. Les swaps de change

Le swap de change sous sa forme la plus simple est une transaction financière dans laquelle deux parties s'engagent à échanger des devises aujourd'hui, par exemple, euros contre dollars au cours de change au comptant et à échanger les mêmes devises à l'échéance du contrat (3 mois, 1 an,... etc.) au cours de change à terme ou à un autre cours convenu à l'avance.

Exemple : les entreprises A et B concluent un swap de devises simple dans lequel A s'engage à verser en t = 0 un million d'euros à B et B à verser 1,3 million de dollars en contrepartie. Dans 6 mois, B s'engage à verser 1 million d'euros à A et en contrepartie, A versera 1,25 million de dollars à B, voir schéma II-1.

Cette opération comprend deux opérations de change : une au comptant et une à terme. Elle ne peut être assimilée en totalité à une conversion à terme de devises.

Avec ce type de swap, A peut se couvrir contre le risque de change. Par exemple, si elle attend une rentrée d'un million d'euros dans 6 mois, elle pourra les donner à B et obtiendra de manière certaine en contrepartie 1,25 million de dollars.

SCHÉMA II-1

Swaps de change (Currency swaps)

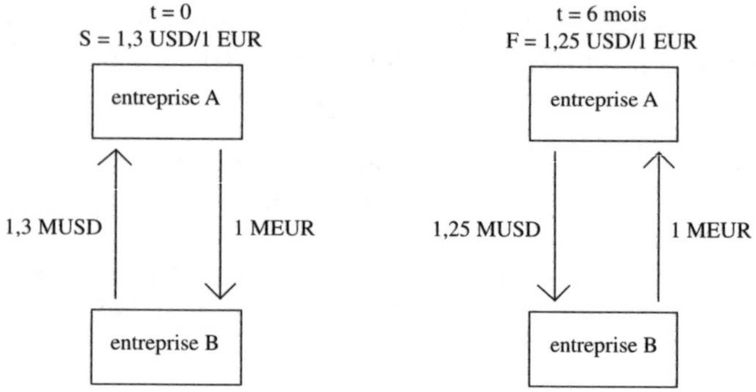

3.1.2. Les swaps de devises

Les swaps de devises, appelés “Currency Rate Swaps” (CRS), ont été créés après les swaps de change. Ils consistent en un échange de dettes en devises ; le montant emprunté, les intérêts et le remboursement sont échangés réellement.

Par exemple, l’entreprise E souhaite emprunter 1 million d’euros à 10 % remboursable en totalité dans cinq ans et l’entreprise américaine emprunte 1,3 million de dollars à 5 % remboursable en totalité dans cinq ans. Pour se financer, les deux entreprises peuvent faire le swap comme celui indiqué dans le schéma II-2.

Si les swaps de change se situent sur les marchés des changes et servent à se protéger contre le risque de change, les swaps de devises se situent sur les marchés financiers internationaux et permettent aux entreprises de se financer dans des devises autres que leur monnaie et/ou à moindre coût. Des swaps de devises et de taux (“Combined interest rate and currency swaps, CIRCUS”) existent aussi. Dans ce type de contrats d’échange, on échange des intérêts à taux variable dans une devise contre des intérêts à taux fixe dans une autre devise à de meilleures conditions.

Ces contrats d’échange permettent à des entreprises, en dehors des possibilités d’arbitrage entre des marchés différents, de contourner des contraintes les empêchant d’accéder à certains marchés ou d’emprunter dans certaines devises.

Même si ces swaps de devises ont pour objet principal l’échange de modalités de financement, ils permettent aussi de se couvrir à long terme contre le risque de change. Par exemple, avec le swap de devises présenté dans le schéma II-2, si l'entreprise américaine a besoin d'un million d'euros en t = 5, elle sait qu'elle pourra les obtenir de manière certaine pour 1,3 million de dollars.

SCHÉMA II-2

Swaps de devises (Currency rate swaps)

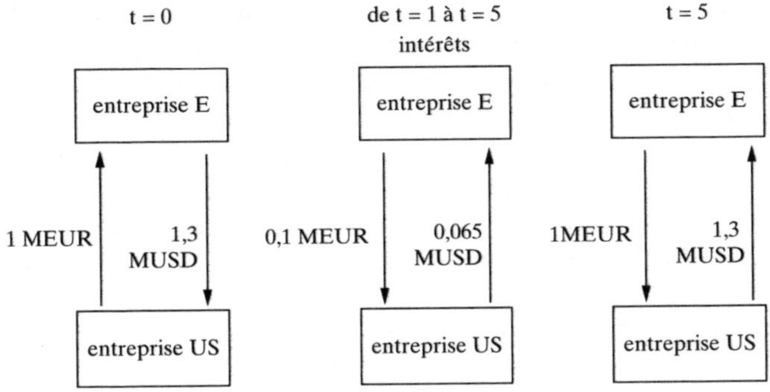

3.1.3. Les différences entre les swaps de change ou cambistes et les swaps de devises

Les swaps de change et de devises sont assez proches puisqu'ils sont basés tous les deux sur le même principe : emprunter dans une devise pour prêter dans une autre devise (les deux opérations étant simultanées et conclues avec la même contrepartie). Cependant, ils se différencient sur plusieurs aspects.

Tout d'abord, les swaps de change sont des instruments à court terme alors que les swaps de devises sont généralement conclus pour des périodes portant sur le moyen ou le long terme.

Ensuite, il n'y a pas d'échange d'intérêts dans le swap de change alors qu'il y en a avec le swap de devises.

Enfin, l'échange final est fondé sur le cours à terme dans le swap de change alors que dans le swap de devises, on utilise à l'échéance le cours au comptant, préfixé ou non (c'est-à-dire soit on reprend le cours au comptant de t = 0, soit on prend le cours constaté à l'échéance).

Malgré ces différences, ils permettent tous les deux de couvrir un risque de change, soit sur le court terme (swap de change), soit sur le long terme (swap de devises).

3.2. Caractéristiques du marché des swaps

Comme les contrats de change à terme (forward) et contrairement aux options et aux contrats de futures, les swaps sont des contrats de gré à gré. Les différentes parties du contrat peuvent être négociées. Cependant, les banques essayent de proposer des contrats de plus en plus standards car elles peuvent plus facilement les couvrir. En règle générale, le jour de l'accord, tous les termes du contrat d'échange sont définis. En revanche, la date effective du swap est la date à laquelle se fait le premier échange de flux en devises et/ou à partir de laquelle les intérêts, s'il y en a, sont décomptés. À cette dernière date, intervient aussi le règlement des frais de transactions. Les négociations se font normalement par téléphone, les variables les plus importantes étant confirmées par télex. Les termes habituels d'un contrat sont : les montants échangés, les dates d'échange et les cours des devises au comptant et aux différentes échéances. Lorsqu'il y a des taux d'intérêt à taux fixe, la périodicité est souvent de six mois pour le paiement des intérêts, ceux-ci étant calculés en se basant sur des mois de 30 jours et sur une année de 360 jours. Lorsque les taux sont flottants, il n'y a pas en règle générale de marge en plus ou moins de l'indice, la fréquence des paiements est égale à celle de l'indice, l'année de référence est de 360 jours.

La taille du marché primaire des swaps a déjà été présentée p. 58. Si le marché primaire est très important, le marché secondaire est beaucoup moins développé. Il est l'objet de trois types de transactions : les ventes volontaires de contrats qui consistent à se faire remplacer en tant que contrepartie ; les interruptions volontaires de contrats d'échange, impliquant une négociation avec la contrepartie ; les renversements de contrats d'échange conclus de telle manière qu'ils permettent de compenser les contrats d'échange existants. Ce marché se développe grâce à l'instauration de contrats de plus en plus petits et standardisés.

3.3. Le prix d'un swap

Les swaps de change sont cotés pour des montants standards sur les tables de change. On retrouve des cotations en points swaps telles que celles présentées dans le chapitre I.

Par exemple, on peut avoir des cotations en points swaps ou directes :

Taux au comptant		30 jours	90 jours	180 jours
EUR/USD 1.3000-40	cotations swaps cotations directes	15-20 1,3015-60	20-30 1,3020-70	30-45 1,3030-85

Si l'on considère le swap à trois mois, cette cotation indique que le cambiste swap (l'annonceur) propose d'acheter au comptant l'euro et de vendre le dollar au cours de 1,3000 dollar pour 1 euro et dans trois mois de vendre l'euro et d'acheter le dollar au cours de 1,3070 dollar pour 1 euro. Inversement, le cambiste vend au comptant l'euro et achète le dollar au comptant de 1,3040, et dans trois mois achète l'euro et vend le dollar au taux de 1,3020 pour 1 euro.

Il n'y a pas de cotations au sens strict des swaps de devises. Ces swaps se matérialisent, comme les swaps de taux d'intérêt, sous la forme d'un contrat qui prévoit les principales dispositions suivantes :
– désignation des contreparties et du sens de l'engagement, qui prête, qui emprunte telle devise,
– la date de départ du swap,
– le montant du capital,
– le cours de change à chaque étape ; certains swaps sont conclus sans fixer le cours de change final.

CHAPITRE III

La gestion du risque de change de transaction

Lorsqu'une entreprise ou un particulier doit faire ou recevoir des paiements en devises dans le futur, il y a un risque de change car la contrepartie en euros des flux en devises futurs n'est pas connue avec certitude.

Face au risque de change, il existe deux possibilités : se couvrir ou ne pas se couvrir.

Se couvrir contre le risque de change permet de connaître aujourd'hui avec certitude la contrepartie dans sa monnaie des flux en devises futurs. Dans ce cas, les prévisions des cours de change au comptant futurs faites implicitement par les opérateurs proposant les instruments de couverture ne sont pas remises en question.

Ne pas se couvrir est le résultat d'une décision. Deux éléments peuvent inciter un particulier ou une entreprise à ne pas se couvrir :

– Premièrement, les prévisions des cours au comptant futurs sont différentes des cours de change futurs garantis. Ceci suppose une prévision des cours de change au comptant futurs (voir à titre d'exemple, la présentation succincte des méthodes de prévisions dans le chapitre I). Il faut ensuite procéder à un arbitrage entre ne rien faire et se couvrir. Par exemple, si une rentrée de devises est attendue et que le cours de change au comptant futur de cette devise (exprimée par exemple en nombre d'unités de devise par unité de monnaie nationale), résultant des prévisions, est inférieure au cours garanti dans le cadre de la couverture, cela indique que la devise devrait s'apprécier plus (ou se déprécier moins) que ce qui est indiqué dans le cadre de la garantie. Dans ce cas, l'entreprise ou le particulier ne jugera pas utile de se couvrir. Cette décision dépend aussi de l'ampleur de l'écart entre le cours garanti et le cours prévisionnel, ainsi que de l'aversion au risque.

– Deuxièmement, si les variations des taux de change reflètent uniquement le différentiel d'inflation entre les deux pays considérés, le risque de change est nominal (voir chapitre I, paragraphe 6.2, la parité des pouvoirs d'achat). Il n'y a pas de risque de change réel, il n'est pas utile de se couvrir contre le risque de change. Il faut toutefois noter que la parité des pouvoirs d'achat n'est pas vérifiée empiriquement, ce qui signifie qu'il existe dans la réalité un risque de change réel.

Ne pas se couvrir implique que le risque existe toujours car il n'est pas possible de connaître avec certitude aujourd'hui la contrepartie des flux en devises attendus dans le futur, les prévisions pouvant se révéler fausses. Dans ce cas, le gain ou la perte de change constaté *ex-post* (par unité de devise négociée) est égal à la différence entre le cours au comptant initial et le cours au comptant à l'échéance. Ceci peut se décomposer entre :
– d'une part, un gain ou une perte anticipé (*ex-ante*) égal à la différence entre le cours initial et le cours au comptant prévisionnel,
– d'autre part, un gain ou une perte non anticipé (*ex-post*) égal à la différence entre le cours prévisionnel et le cours constaté à l'échéance. Cette partie non anticipée correspond au gain ou à la perte de change réel.

L'objet de ce chapitre est de présenter comment couvrir le risque de change. Les couvertures du risque de change permettent de garantir le cours auquel sont effectuées les conversions des flux en devises futurs. Ce cours est le cours au comptant futur anticipé par le marché utilisé. Dans le cas d'une couverture, le gain ou la perte de change constaté *ex-post* (par devise négociée) est connu à l'avance ; il est égal à la différence entre le cours au comptant initial et le cours futur garanti. Contrairement au cas où il n'y a pas de couverture, le gain ou la perte de change non anticipé est nul. Il n'est pas possible de se couvrir contre les variations anticipées des cours. Pour ceci, il faudrait que le cours garanti par la couverture soit le cours au comptant initial, ce qui n'est généralement pas le cas.

L'objet de la couverture du risque de change est de se protéger contre les variations non anticipées des cours de change.

Avant d'analyser comment se couvrir, il faut en premier lieu reconnaître le risque de change et mesurer son exposition à celui-ci.

1. La mesure du risque de change

Il faut premièrement définir la monnaie de référence de l'entreprise considérée, deuxièmement reconnaître le risque de change et troisièmement mesurer l'exposition au risque de change.

1.1. La monnaie de référence

Quel que soit le type de risque de change considéré, le risque de change existe car il y a une variation non connue à l'avance des cours des devises par rapport à la monnaie de référence. *Aussi, pour analyser le risque de change, la monnaie de référence de l'entité considérée doit être définie.*

Pour un individu, la monnaie de référence est la monnaie dans laquelle il consomme.

Pour une entreprise, la monnaie de référence est, en finance, la monnaie dans laquelle est exprimée la valeur de l'entreprise. Pour une entreprise cotée sur un seul marché, la monnaie de référence est *a priori* la monnaie de cotation. S'il y a plusieurs marchés de cotation, le problème se complique ; la règle proposée devient difficilement opérationnelle.

> *La règle la plus satisfaisante est de prendre comme monnaie de référence celle des actionnaires contrôlant l'entreprise ou sinon celle dans laquelle sont établis les états comptables de la société.*

Par ailleurs, étant donné que la monnaie de référence est celle des actionnaires, qui doit s'occuper de la gestion du risque de change : les actionnaires ou la direction de l'entreprise ? Si les actionnaires peuvent éliminer le risque de change de la même manière ou à moindre coût, l'entreprise ne devra pas se préoccuper de la gestion du risque de change car cette activité ne sera pas valorisée par le marché. En règle générale, il est souvent admis qu'il est plus judicieux que la direction de l'entreprise gère le risque de change plutôt que de laisser les actionnaires le gérer.

1.2. La reconnaissance du risque de change

Si l'on considère, par exemple, les flux suivants :

– le paiement dans 3 mois en devises, de marchandises ou de machines,

– la recette dans plusieurs mois en devises, liée à la vente de marchandises, de machines ou de services,
– un emprunt à l'étranger qui entraînera des sorties d'argent en devises dans plusieurs mois (frais financiers et remboursement),
– un crédit en devises débouchant sur des entrées futures de devises (intérêts et remboursement),
– tout autre service facturé en devises ou payé en devises,

trois éléments distincts sont constatés :

– l'existence d'un prix en devises du bien ou du service dont l'importation ou l'exportation est envisagée,
– ce sur quoi le risque de change porte, le montant de la transaction commerciale, ou le volume du courant d'affaires qui est prévu à ce prix,
– la date de transaction.

Dès lors qu'un prix ou une opération financière en devises est établi ou accepté par une entreprise, celle-ci est exposée au risque de change. Elle risque que le cours de la devise considérée varie par rapport au cours existant à l'instant de la négociation, il y a donc un risque de change.

Cependant, ceci n'est pas suffisant. En dehors du prix et de la date de transaction, il faut que le montant de la transaction soit bien défini.

Exemple où le risque de change est bien défini.

• En t = 0, l'entreprise a négocié la vente d'une machine qui sera payée en devises en t = 3

t = 0	t = 3
négociation	+ 1 600 000 devises

Exemples où le risque de change est mal défini.

• En t = 0, on ne sait pas exactement à quelle date le paiement sera effectué.

t = 0	t = 2 ⏟ t = 4
négociation	+ 1 600 000 devises

• En t = 0, l'entreprise a négocié la vente de marchandises mais le montant vendu n'est pas défini.

C'est le cas d'entreprises qui ont des contrats commerciaux de durée assez longue, qui ne peuvent pas modifier leur prix en devises à chaque instant t et ne connaissent pas exactement le montant des ventes qu'elles feront (par exemple, la vente sur catalogue). Elles considèrent alors des montants prévisionnels sur une période pendant laquelle l'entreprise pense qu'elle ne pourra pas reconsidérer ses prix.

• En t = 0, l'entreprise répond à un appel d'offres. L'entreprise doit alors faire une proposition de prix souvent sans connaître le montant exact de la transaction ni sa date exacte et plus grave, sans savoir si l'offre sera retenue.

1.3. L'exposition au risque de change

> *L'exposition au risque de change, encore nommée la position de change, est le nombre de devises que l'on doit payer ou recevoir. Il existe plusieurs notions de positions de change : au comptant, à terme et globale.*

Pour les estimer, on constitue un échéancier sur lequel sont enregistrés, échéance par échéance, tous les paiements et recettes en devises de l'entreprise.

Sur cet échéancier :
- doivent figurer tous les flux en devises attendus avec les montants sur lesquels ils portent et les dates de paiement ;
- doivent figurer également les flux prévisionnels pour lesquels des prix en devises ont déjà été fixés ; exemple de la vente par catalogue ;
- doivent figurer mais de façon séparée, les engagements sur des prix, pour lesquels aucun montant n'est encore défini et qui ne se réalisent pas forcément. Ceci correspond à certains appels d'offre ;
- en revanche, ne doivent pas figurer les flux prévisionnels pour lesquels n'existe aucun engagement de prix de la part de l'entreprise.

À titre d'exemple, le tableau III-1 recense aux différentes dates les paiements et recettes en devises d'une entreprise imaginaire, ainsi que les positions de change.

La position de change à terme dans une devise est le nombre de devises que l'on doit recevoir ou payer au terme considéré.

Exemple : la position de change au terme, t = 2, en USD est égale à + 3 USD.

La position de change au comptant dans une devise est le nombre de devises que l'on doit payer ou recevoir au comptant, en t = 0.

Exemple : la position de change au comptant en GBP est égale à – 1.

La position de change globale est le nombre de devises que l'on détient ou que l'on doit, toutes échéances confondues. Certains définissent cette position de change comme la position de change au comptant.

Exemple : toutes échéances confondues, t = 0, t = 1, t = 2, t = 3, t = 4, la position de change globale en yens (JPY) est égale à – 600 JPY.

La position de change est dite "longue" si l'on détient des devises ou si l'on attend une rentrée de devises.

La position de change est dite "courte" si l'on doit des devises au comptant ou à terme.

TABLEAU III-1

Exemple d'échéancier pour une entreprise française

t = 0	**t = 0**	**t = 1**	**t = 2**	**t = 3**	**t = 4**
	+ 8 USD + 300 JPY + 6 GBP + 1 CHF + 2 USD – 4 GBP – 3 GBP – 700 JPY	+ 1 USD – 100 JPY + 2 USD – 1 CHF	+100 JPY – 200 JPY + 3 USD	+ 2 GBP – 3 GBP	+ 3 USD + 1 GBP
Position de change à terme					
en USD en GBP en CHF en JPY		+ 3 USD 0 – 1 CHF – 100 JPY	+ 3 USD 0 0 – 100 JPY	0 – 1 GBP 0 0	+ 3 USD + 1 GBP 0 0
Position de change au comptant					
en USD en GBP en CHF en JPY	+ 10 USD – 1 GBP + 1 CHF – 400 JPY				
Position de change globale					
en USD en GBP en CHF en JPY	+ 19 USD – 1 GBP 0 CHF – 600 JPY				

L'analyse peut se fonder sur la contrepartie en euros des flux en devises. Par exemple, si les cours des monnaies sont les suivants : EUR/USD 1,30 ; EUR/JPY 122,42 ; EUR/GBP 0,8676, EUR/CHF 1,46, la position de change globale a une contrepartie en euros égale à (19 USD/1,30) – (1 GBP/0,8676) – (600 JPY/122,42), soit 8,55 euros.

Le risque de change global (de transaction) peut se définir comme les variations des contreparties en euros des flux en devises, que l'on doit ou que l'on détient toutes échéances confondues, qui peuvent avoir lieu à la suite de modifications non anticipées des cours de change.

Normalement, pour calculer la contrepartie en euros de la position de change globale, il faut utiliser les cours à terme pour les différentes positions à terme et le cours au comptant pour la position au comptant. Certaines entreprises utilisent uniquement, comme nous l'avons fait, les cours au comptant des monnaies pour mesurer la contrepartie en euros. Mais cette simplification n'est pas vraiment problématique car le seul intérêt de la position de change globale est qu'elle donne une idée du montant global sur lequel porte le risque de change.

En revanche, pour la gestion du risque de change de transaction, l'analyse doit être affinée par échéance et par monnaie. La couverture du risque de change de transaction se réalise, en règle générale, par terme et par monnaie, ce qui implique que les positions vraiment utiles sont les positions de change à terme.

2. Principe et modalités de couverture du risque de change

2.1. Le principe de la couverture

L'objet de la couverture du risque de change (de transaction) est de se protéger contre les variations non anticipées des cours de change, ce qui permet de connaître exactement aujourd'hui la contrepartie dans la monnaie de référence des flux en devises futurs.

La couverture du risque de change peut être associée à plusieurs types de positions.

Vous pouvez chercher à protéger une position longue, c'est-à-dire couvrir la baisse de valeur de devises que vous détenez ou que vous devriez encaisser. Pour couvrir ce risque, comme vous recevez des devises, il faut adopter une position qui vous oblige à donner des devises, soit une position courte, par exemple, une vente à terme de devises, ce qui permettra de compenser les pertes.

Vous pouvez chercher à protéger une position courte, c'est-à-dire couvrir la hausse potentielle de valeur des devises que vous devez. Pour couvrir ce risque, comme vous devez donner des devises, il faut compenser par une position qui vous oblige à recevoir des devises, soit une position longue, par exemple, un achat à terme de devises, ce qui permettra de compenser les pertes.

Si nous raisonnons en terme de position de change à terme, l'objet de la couverture du risque de change (de transaction) sera d'annuler la position de change à terme initiale en la compensant par une position de change à terme de sens inverse.

2.2. Les modalités de couverture du risque de change

Pour une entreprise, il existe deux possibilités de gérer le risque de change de transaction :
– une externe consistant à constater une exposition au risque de change et à la couvrir grâce à des instruments tels que la couverture par emprunt ou prêt en devises, les contrats à terme (forward), les contrats de futures, les swaps de change, les garanties telles que celles offertes par la COFACE (cas des entreprises françaises) et les options ;
– une interne consistant soit à prévenir ou à limiter l'exposition au risque de change, soit à profiter de systèmes de centralisation ou autres pour gérer d'une manière plus globale le risque de change.

Ces deux possibilités sont exposées dans les sections 3 et 4.

3. La gestion externe du risque de change

Pour chaque type de couverture, le résultat de celle-ci est présenté par opposition au cas où rien n'aurait été fait.

3.1. *La couverture par emprunt ou prêt en devises*

3.1.1. Le cas de l'avance en devise

Si l'on considère un exportateur qui attend une rentrée en devises dans 3 mois, il lui suffit pour se couvrir de demander une avance (prêt) en devises à son banquier.

Exemple : un exportateur doit toucher dans 3 mois 100 000 CHF. S'il peut obtenir une avance en devise (CHF) dont le taux d'intérêt est de 4 % (terme annuel), il va alors emprunter 100 000 CHF/(1 + (4 %/4)), soit 99 009 CHF, disponibles aujourd'hui. Dans trois mois, pour faire face au remboursement et aux frais financiers, soit 100 000 CHF, il utilise ses recettes d'exportations. Sa position à terme en devises (CHF) est annulée.

Le tableau ci-dessous résume l'opération.

TABLEAU III-2

Flux associés à une opération de couverture par emprunt en devises

	t = 0	**t = 90**
Opération commerciale	Négociation	+ 100 000 CHF (position longue)
Couverture par emprunt de devises (CHF) (position courte) à 4 %	+ 99 009 CHF	– 100 000 CHF
Opération globale	0 EUR + 99 009 CHF	+ 0 EUR + 0 CHF

3.1.2. Le cas d'une opération simultanée d'emprunt en devises (ou en monnaie nationale) et d'un prêt en monnaie nationale (ou en devises)

Au lieu d'avoir comme précédemment une opération qui s'arrête à la suite d'un emprunt en devises, l'idée est dans ce cas de convertir les devises reçues en t = 0 et de les placer dans la monnaie de référence. Nous avons dans ce cas une opération simultanée d'emprunt et de prêt. L'intérêt est de pouvoir comparer le résultat de ce type d'opérations de couverture avec des opérations de couverture telles que celles par les contrats à terme ou les options dont les résultats sont visibles à l'échéance.

Cette couverture implique la réalisation d'une opération de prêt ou d'emprunt dans sa monnaie, et d'une opération de prêt ou d'emprunt dans une devise.

Reprenons l'exemple précédent et complétons-le.

Un exportateur doit toucher dans 3 mois 100 000 CHF. Les taux d'emprunt et de prêts sont identiques et sont les suivants : 4 % (terme annuel) pour le franc suisse, 2 % pour l'euro. Le taux de change au comptant est égal à 1,4 CHF pour un euro.

Pour se couvrir, il va comme précédemment emprunter 100 000 CHF/(1 + (4 %/4)), soit 99 009 CHF, disponibles aujourd'hui. Il les convertit alors au cours de change comptant, 1,4 CHF/1 EUR et il obtient 70 720 EUR qu'il place sur trois mois au taux annuel de 2 %. Il aura alors dans trois mois 70 720 × (1 + 2 %/4) euros, soit 71 073 euros. Sa position en francs suisses est bien annulée. Le tableau suivant récapitule ces opérations.

TABLEAU III-3

Flux associés à une opération de couverture par emprunt-prêt en devises

	t = 0	**t = 90**
Opération commerciale	Négociation	+ 100 000 CHF (position longue)
Couverture par emprunt de devises (CHF) (position courte) à 4 %	+ 99 009 CHF	– 100 000 CHF
Conversion au comptant et placement des euros à 2 %	99 009 CHF + 70 720 EUR – 70 720 EUR	+ 71 073 EUR
Opération globale	+ 0 EUR + 0 CHF	+ 71 073 EUR + 0 CHF

3.2. La couverture à terme : l'utilisation des forwards et des contrats de futures

3.2.1. Le cas des contrats à terme type forward

• Exemple : un exportateur français doit recevoir dans 90 jours 100 000 CHF pour des biens exportés. Le cours de change est aujourd'hui de EUR/CHF 1,40. Par contre, le taux de change au comptant qui prévaudra dans 90 jours n'est évidemment pas connu.

Pour éviter tout risque, l'exportateur peut essayer de garantir le cours auquel il fera la conversion des CHF dans 90 jours. Ceci peut être fait sur le marché à terme en achetant des euros contre des CHF aujourd'hui (ou vente à terme de CHF contre des EUR) mais devant être délivrés dans 90 jours ; par exemple, au taux de EUR/CHF 1,407.

Dans 90 jours, l'exportateur recevra 100 000 CHF qu'il échangera d'après son contrat de change à terme fixé en t = 0 contre 71 073 EUR (100 000/1,407). Ceci est résumé dans le tableau suivant.

TABLEAU III-4

Les flux associés aux différentes opérations

	t = 0	**t = 90**
Opération commerciale	Négociation	+ 100 000 CHF (position longue)
Couverture par vente à terme de CHF au cours de change à terme ${}_0F_{90}$ = 1,407 CHF/EUR	Vente à terme négociée en t = 0	– 100 000 CHF + 71 073 EUR
Opération globale	+ 0 EUR + 0 CHF	+ 71 073 EUR + 0 CHF

• Le principe

Pour couvrir une position de change à terme longue, il faut vendre à terme la devise attendue. Inversement, pour couvrir une position de change à terme courte, il faut acheter à terme la devise attendue.

• Le coût de la couverture à terme

Le gain ou la perte de change anticipé qui, pour une unité de devise négociée, est donné par l'écart entre le cours au comptant initial, S_0, et le cours à terme, ${}_0F_1$, ne mesure pas le coût réel de la couverture. Pour ceci, il faut raisonner en termes d'opportunités et comparer le cas où il y a une couverture au cas où il n'y a pas de couverture. Le coût réel pour une unité de devise négociée est égal à la différence entre le cours à terme, ${}_0F_1$, et le cours constaté à l'échéance, S_1.

Dans le contexte où les individus estiment par définition qu'ils ne sont pas capables de battre le marché, les meilleures prévisions du cours futur, S_1, sont sur le marché des changes les cours à terme, ${}_0F_1$. En conséquence, lors de la prise de décision (*ex-ante*), le coût réel anticipé est nul. Le coût d'une couverture à terme se réduit alors à la différence entre les frais de transaction d'une opération de change à terme négociée aujourd'hui et ceux de l'opération au comptant qui seraient payés à l'échéance du contrat. En règle générale, les frais de transactions sont plus élevés pour une opération à terme que pour une opération au comptant car le marché à terme (pour un terme donné) est plus étroit que le marché au comptant. Cette différence est néanmoins négligeable et ne remettra pas en question la décision de se prémunir contre le risque de change.

En revanche, si un particulier ou une entreprise estime que le cours futur à l'échéance sera différent du cours à terme (prévision du marché) et qu'il décide de ne pas se couvrir à terme, en dehors des frais de transaction, le gain ou la perte de change en terme d'opportunité est égal à la différence entre le cours à terme et le cours prévisionnel.

Les coûts des autres couvertures peuvent s'analyser par rapport à celui de la couverture à terme.

D'une manière générale, si les cours garantis des différentes couvertures sont identiques, les coûts des couvertures se limitant aux frais de transaction, la comparaison des coûts est relativement simple.

3.2.2. Le cas des contrats à terme type futures

La couverture du risque de change par des contrats de futures ressemble à celle présentée avec les marchés à terme. La principale différence est la valorisation du contrat de futures au jour le jour et donc les possibilités d'appel de marge. Globalement, les sommes payées sont approximativement les mêmes. La différence est due au fait que dans un contrat à terme, le paiement est fait en totalité à la fin ; éventuellement un dépôt initial peut être constitué. Alors qu'avec un contrat de futures, il y a automatiquement un dépôt initial, un paiement final et des paiements ou versements intermédiaires.

> *Quatre questions se posent lors du choix d'une couverture par des contrats de futures : 1) le sens de la couverture, 2) le choix du contrat, 3) le nombre de contrats achetés ou vendus, 4) la date d'échéance.*

Pour déterminer le sens, le plus simple est de prendre une position de couverture qui compense la position initiale.

Si la position initiale est une position longue, par exemple une entrée à terme de devises, il faut une couverture qui se traduit par une position courte, soit avec les futures, une vente de futures sur la devise considérée.

Si la position initiale est une position courte, par exemple une sortie à terme de devises, il faut une couverture qui se traduit par une position longue, soit avec les futures, un achat de futures sur la devise considérée.

La détermination du nombre de contrats

• *L'approche la plus simple est identique à celle exposée pour les couvertures avec des contrats forwards.*

Exemple : votre monnaie de référence est l'euro et vous attendez une rentrée d'un million de dollars dans trois mois. La devise à couvrir est le dollar. Si vous voulez utiliser des contrats de futures, vous allez acheter ou vendre à Chicago des contrats de futures sur euros contre des dollars. Dans ce cas, vous allez acheter des contrats de futures sur euros, ce qui vous obligera à acheter des euros avec des dollars ou à vendre des dollars contre des euros à l'échéance. Le premier problème rencontré ici est que la monnaie de référence à Chicago est le dollar alors que votre monnaie de référence est l'euro. Il faut donc faire très attention au sens de votre position et de la couverture. Compte tenu de votre monnaie de référence, l'euro, votre position à terme en dollars est une position longue qu'il faut normalement couvrir par une vente de contrats de futures sur dollars contre des euros, ce qui se traduit à Chicago par un achat de contrats de futures sur euros contre des dollars.

Si à Chicago, en t = 0, les cours au comptant et du contrat de futures à trois mois de l'euro sont respectivement égaux à 1,20 USD et à 1,30 USD, qu'allez-vous faire ? Il faut que votre achat de contrats de futures sur euros se traduise à l'échéance par une vente de 1 000 000 de dollars.

Le montant standard d'un contrat de futures sur euros étant égal à 125 000 EUR et le cours du contrat de futures 1,30 USD pour 1 EUR, il faut acheter $\frac{1\ 000\ 000 \quad \text{USD}}{1,30}$ soit 769 230 EUR, approximativement 6 contrats de 125 000 EUR. À l'échéance, en contrepartie du million de dollars, vous aurez de manière certaine 6 × 125 000 EUR, soit 750 000 EUR ou s'il était possible de diviser les contrats, 769 230 EUR. Pour simplifier, nous supposons par la suite que les contrats sont divisibles et que nous pouvons travailler sur 769 230 EUR.

Si dans 90 jours, à l'échéance, le cours au comptant S_{90} est égal à 1,35 USD pour 1 EUR, le cours du future, ${}_3F_3$, est automatiquement égal au cours au comptant 1,35 USD sinon il y aurait un arbitrage instantané. Le dénouement de votre position sur contrats de futures se traduit par un achat de 769 230 EUR à 1,30 USD et une vente de 769 230 EUR à 1,35 USD et donc un gain égal à 769 230 × 0,05 USD, soit 38 461 USD qui convertis à 1,35 USD donnent 28 490 EUR. Par ailleurs, la conversion du million de dollars à EUR/USD 1,35 donne 740 740 EUR. Globalement, vous retrouvez 769 230 EUR (740 740 + 28 490), la somme prévue initialement.

Le problème avec cette méthode est lorsque vous voulez vous couvrir avec des contrats de futures qui n'ont pas la même échéance que la position à couvrir. Si vous êtes obligés de dénouer votre position de contrats de futures avant l'échéance, vous ne savez pas à quel cours vous allez le faire. Dans l'exemple précédent, supposons que vous dénouez en t = 60 jours car le million de dollars est versé en t = 60 j et non pas en t = 90 j. Si S_2 est égal à EUR/USD 1,35 et que ${}_2F_3$ est égal à FRF/USD 1,25, que se passe-t-il ? Le dénouement du contrat de futures se traduit par un achat de 769 230 EUR à EUR/USD 1,30 et une vente de 769 230 EUR à EUR/USD 1,25, vous constatez une perte égale à 769 230 EUR × EUR/USD 0,05, soit 38 461 USD qui convertis à EUR/USD 1,35 donne une perte de 28 489 EUR. Ensuite, vous convertissez le million de dollars reçu à EUR/USD 1,35 et vous obtenez 740 740 EUR. Globalement, vous avez 712 251 EUR (740 740 – 28 489). Vous ne retrouvez pas ce qui était attendu, 769 230 EUR.

Ceci est dû au fait que t = 2 n'est pas l'échéance du contrat de futures et que le cours du contrat de futures n'a pas évolué de la même manière que le cours au comptant. La base est égale à – 0,10, elle est différente de zéro, sa valeur automatique à l'échéance du contrat de futures. Elle est aussi différente de celle constatée en t = 0, ici, 0,10. La base varie dans le temps en fonction du différentiel d'intérêt pour un contrat de futures sur devises. La seule certitude est que la base sera égale à zéro à l'échéance, ce qui permet de connaître à l'avance le résultat global de l'opération, ici, 769 230 EUR. En revanche, lors d'un dénouement ne se situant pas à la date d'échéance du future, le résultat global de l'opération est incertain car la base évolue dans le temps. Le risque de change n'est pas couvert parfaitement car il subsiste toujours un risque de base[1].

• *La méthode la plus adaptée, dans le cas où les échéances de la couverture et de la position à couvrir sont différentes est celle dite de la variance minimale.*

L'objet de cette méthode est de faire en sorte que la variation en valeur de la couverture compense exactement la variation en valeur de la position couverte. Plus exactement, le but sera de faire en sorte que les variations des valeurs (variance des rentabilités) de la position globale (position à couvrir et couverture) soient les plus faibles possibles.

Il faut alors déterminer le ratio de couverture H (rapport entre la valeur au comptant de la position sur contrats de futures et celle au comptant de la position à couvrir) égal à N × T × S/V où N est le nombre de contrats de futures, T, la taille d'un contrat exprimée en devises, S le cours de la devise au comptant et V la valeur au comptant de la position à couvrir.

La résolution de ce problème indique que le ratio de couverture H est le coefficient de régression de la rentabilité de la position au comptant en devises à couvrir sur la rentabilité de la position de contrats de futures sur devises.

$$R_P = a + H\,R_F$$

où

R_P est la rentabilité du portefeuille de devises à couvrir égale à $X\,(S_t - S_{t-1}/S_{t-1})$ avec X la valeur du portefeuille en devises,

1. *A priori*, ce problème ne se pose pas avec les couvertures à terme car se situant sur un marché de gré à gré, il est toujours possible de négocier un contrat à terme avec la même échéance que la position à couvrir. Si ce n'est pas le cas, le même problème existe.

S_t le cours de la devise à l'instant t,
R_F est la rentabilité du contrat de futures sur devises ($F_t - F_{t-1}/S_{t-1}$) avec F_t, le cours du contrat de futures de terme t,
H est le ratio de couverture.

H est calculé d'après cette régression sur des observations historiques[1], il est possible ensuite de calculer N le contrat de futures nécessaires $\left(N = \frac{H \times V}{T \times S}\right)$ si l'on utilise l'expression de H. Par exemple, l'estimation de H est égale à 0,8. Si la monnaie de référence est l'euro, si V la valeur en euros de la position au comptant est égale à 1 250 000 EUR, si T × S la valeur en EUR du sous-jacent du contrat de futures est égale à 125 000 EUR, le nombre de contrats N est égal à $\frac{0,8 \times 1\,250\,000}{125\,000}$ soit 8 contrats.

La date d'échéance

Pour éviter le problème cité avec la méthode la plus simple, l'idéal est de choisir des contrats sur futures dont la date d'échéance correspond exactement à celle de l'horizon du portefeuille à couvrir. Dans le cas où la couverture a un horizon supérieur à l'horizon temporel du portefeuille à couvrir, il y a une incertitude sur la valeur du portefeuille protégé à l'échéance à cause du risque de base. En revanche, se couvrir avec des positions plus courtes que la date d'échéance permet de connaître avec certitude la valeur du portefeuille à chaque date d'échéance, mais le problème est le renouvellement des contrats de futures, et donc l'incertitude sur le cours du contrat de futures à chaque échéance et les frais de transaction associés.

Le choix du contrat

Le contrat de futures choisi doit porter sur le même actif que l'actif à couvrir sinon il y a un risque de corrélation dû à une couverture croisée (cross hedging). Par exemple, si pour couvrir une position en couronnes sué-

1. Ceci suppose que ce calcul basé sur le passé est toujours valable dans le futur ; en l'occurrence que le coefficient de corrélation entre les cours au comptant et du future soit stable dans le temps. Dans le cas où ceci n'est pas vérifié, d'autres possibilités basées sur des estimations des valeurs futures existent.

doises avec des contrats de futures, vous utilisez des contrats de futures sur euros ; l'actif sous-jacent est différent de l'actif à couvrir. Il faut donc calculer le nombre de contrats de telle manière que la couverture soit satisfaisante. Déterminer le nombre de contrats en se basant sur l'approche "variance minimale" permet d'obtenir une couverture satisfaisante. Dans notre exemple, R_F sera alors calculé avec des contrats de futures sur sur euros et R_P en se basant sur les cours au comptant de la couronne suédoise.

3.3. *Les swaps*

Les swaps de change et de devises ont été décrits dans le chapitre II. Ils consistent en une opération d'emprunt et de prêt simultanés et s'apparentent aux opérations précédemment présentées.

Leur objet initial est la couverture du risque de change.

Exemple : vous attendez à terme 100 000 USD à la suite d'une vente de marchandises à l'étranger ; votre position est la suivante :

Opération initiale

t = 0	t = 1
négociation	(+) 100 000 USD
vente de marchandises	

Pour ne pas courir de risque de change, vous faites un swap (emprunteur dollars, prêteur euros) qui vous oblige à céder 100 000 USD en t = 1 et vous les fournit pendant la période t = 0, t = 1 aux conditions suivantes :

Swap receveur de dollars

t = 0	t = 1
(+) 100 000 USD	(–) 100 000 USD
(–) 100 000/1,20 EUR	(+) 100 000/1,3 EUR

Les taux de change au comptant et à terme implicites de ce swap sont respectivement égaux à EUR/USD 1,20 et EUR/USD 1,30.

Votre position globale, opération commerciale et swap, est la suivante :

TABLEAU III-5

Flux liés à une opération de couverture par un swap

	t = 0	**t = 1**
Opération commerciale	Négociation	+ 100 000 USD
Swap receveur de dollars	+ 100 000 USD – 100 000/1,20 EUR	– 100 000 USD + 100 000/1,30 EUR
Position finale	+ 100 000 USD – 83 333 EUR	+ 76 923 EUR

En t = 0, les positions en dollars et en euros s'annulent. En t = 1, l'exportateur n'aura plus de risque de change puisqu'il n'y a plus de position à terme en dollars. L'opération se traduit par un résultat identique à celui d'une couverture sur le marché à terme, ce qui est normal puisque le but d'un swap est de remplacer une opération de change à terme, d'achat ou de vente de contrats de futures, une opération sur le marché monétaire ou encore une avance en devises.

3.4. Les garanties telles que celles offertes par la COFACE (Compagnie Française d'Assurance pour le Commerce Extérieur) pour les entreprises françaises

Des sociétés proposent des systèmes de garantie de change d'opérations à l'étranger. Cela revient plus ou moins à un système d'assurance qui dans certains pays est soutenu par l'État.

En France, la COFACE propose des assurances change comme l'assurance change négociation et l'assurance change contrat.

3.4.1. L'assurance change négociation

L'assurance change négociation est destinée à toutes les entreprises françaises qui remettent des offres en devises à leurs acheteurs étrangers et qui sont en concurrence commerciale avérée.

Ce produit accompagne les exportateurs dès la remise de l'offre en protégeant les paiements attendus en devises contre une baisse de la devise si le contrat est conclu et entré en vigueur.

Le but est de garantir le cours de change applicable à l'opération commerciale dès que l'entreprise française commence sa négociation. Par rapport par exemple à une opération de couverture de change à terme, cela lui permet de ne pas être engagé si l'offre n'est pas retenue.

Deux types de garanties sont proposées :

– l'assurance change négociation avec cours non révisable ;
– l'assurance change négociation avec intéressement. Dans ce cas, l'entreprise française peut profiter de bénéficier de 50 % ou 70 % de la hausse de la devise pendant la négociation ; le taux de souscription est fixé dès la souscription de la garantie.

Les devises couvertes sont : le dollar américain, le dollar canadien, le yen, la livre sterling, la couronne danoise, la couronne suédoise, la couronne norvégienne, le dollar de Singapour, le dollar de Hong-Kong et au cas par cas, le dollar australien, le zloty polonais, le florin hongrois, la couronne tchèque. Éventuellement, d'autres devises peuvent être couvertes.

3.4.2. L'assurance change contrat

Cette assurance est destinée :

– à toutes les entreprises françaises qui négocient de gré à gré et se voient parfois imposer une devise autre que l'euro dans les derniers temps de la négociation par leur acheteur étranger,
– aux entreprises qui ne peuvent pas bénéficier de l'assurance change négociation faute de concurrence identifiée,
– aux entreprises qui n'ont pas accès au marché à terme soit parce qu'il y a un aléa sur l'entrée en vigueur, soit parce que les caractéristiques de l'entreprise exportatrice ne répondent pas aux exigences du marché (taille du contrat, délais de paiement, etc.),
– pour des montants à garantir maximum de 15 millions d'euros.

Elle permet de figer un cours de change avant la signature du contrat commercial ou au plus tard dans les quinze jours de sa conclusion.

Les devises couvertes sont le dollar américain, la livre sterling et au cas par cas le franc suisse.

3.5. Les options sur devises

Les options sur devises ont été présentées dans le chapitre II. Elles sont utiles pour couvrir le risque de change car par rapport aux autres méthodes de couverture présentées auparavant, elles ont l'avantage d'être mieux adaptées à certaines situations de risque de change, mais ceci à un coût plus élevé.

3.5.1. Exemple d'utilisation dans le cas où le risque de change est bien défini

Un exportateur s'est basé dans la facturation en dollars des biens qu'il exporte aux États-Unis sur un cours égal à EUR/USD 1,25 ou USD/EUR 0,80 dans 3 mois. S'il ne se couvre pas, ses gains ou pertes en euros sont égaux à X – 0,8 par dollar facturé. X est le cours au comptant constaté dans 3 mois du USD exprimé en euros. Pour avoir directement les gains et les pertes en euros, le cours du USD est exprimé en nombre d'euros par dollar. Si le cours est égal à USD/EUR 0,9, le gain est égal à 0,1 EUR par USD.

S'il utilise des options pour se couvrir, il faut qu'il considère les différentes positions sur options qui peuvent être utilisées.

Pour se couvrir, l'exportateur peut :
– soit acheter des options d'achat de dollars ou de vente d'euros ;
– soit acheter des options de vente d'euros ou d'achat de dollars.

Dans ce cas où l'exportateur attend des rentrées de dollars, pour se couvrir, il doit acheter des options de vente de dollars contre des euros.

S'il devait effectuer un paiement en dollars dans trois mois, il devrait faire le contraire : acheter des options d'achat de dollars contre des euros.

Dans l'exemple de notre exportateur qui désire couvrir ses rentrées de dollars dans trois mois pour un montant d'un million de dollars, les conditions sur les marchés sont les suivantes :
– cours au comptant
S = EUR/USD 1,33 ou USD/EUR 0,75 ;
– cours à terme (3 mois)
F = EUR/USD 1,25 ou USD/EUR 0,80 ;

– sur le marché de gré à gré, le prix d'une option de vente de USD (de type européenne) contre des euros à échéance 90 jours de prix d'exercice EUR/USD 1,25 ou USD/EUR 0,80 est égal à 0,05 EUR/1 USD.

S'il se couvre avec l'option de vente, la représentation graphique est donnée par le graphique III-1. La perte de change globale est limitée au coût de l'option, 0,05 EUR pour 1 USD ; les gains de change correspondent à ceux de l'opération commerciale moins le coût de l'option, 0,05 EUR pour 1 USD, soit 50 000 euros pour 1 000 000 USD. S'il se couvre par une vente à terme de devises (ou vente de contrats de futures) au cours de USD/EUR 0,80, il ne fait ni gain ni perte de change.

TABLEAU III-6

Comparaison d'une couverture par option et par contrat de futures

Cours S en nombre d'euros par USD	Gain ou perte de change en euros de l'opération commerciale	Gain ou perte de change en euros de la position achat option de vente de USD, coût de l'option déduit	Gain ou perte de change en euros de la vente à terme USD	Gain ou perte de change de l'opération commerciale couverte par l'option de vente, coût de l'option déduit	Gain ou perte de change de l'opération commerciale couverte par la vente à terme
0	– 800 000	750 000	800 000	– 50 000	0
0,1	– 700 000	650 000	700 000	– 50 000	0
0,2	– 600 000	550 000	600 000	– 50 000	0
0,3	– 500 000	450 000	500 000	– 50 000	0
0,4	– 400 000	350 000	400 000	– 50 000	0
0,5	– 300 000	250 000	300 000	– 50 000	0
0,6	– 200 000	150 000	200 000	– 50 000	0
0,7	– 100 000	50 000	100 000	– 50 000	0
0,8	0	– 50 000	0	– 50 000	0
0,9	100 000	– 50 000	– 100 000	50 000	0
1	200 000	– 50 000	– 200 000	150 000	0
1,1	300 000	– 50 000	– 300 000	250 000	0
1,2	400 000	– 50 000	– 400 000	350 000	0
1,3	500 000	– 50 000	– 500 000	450 000	0
1,4	600 000	– 50 000	– 600 000	550 000	0
1,5	700 000	– 50 000	– 700 000	650 000	0
1,6	800 000	– 50 000	– 800 000	750 000	0

GRAPHIQUE III-1

Couverture d'une position longue en dollars avec une option de vente de dollars contre des euros

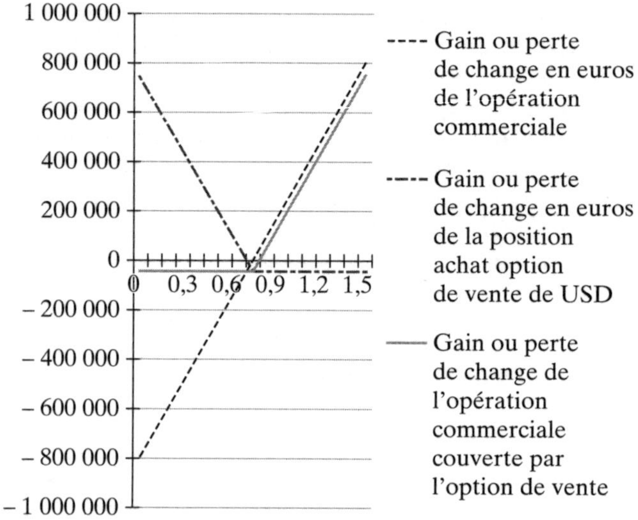

GRAPHIQUE III-2

Couverture sur le marché à terme

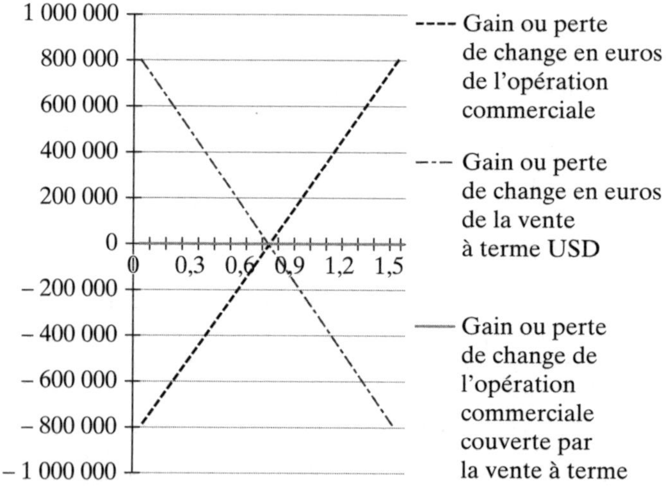

Dans le cas où le risque de change est bien défini, la couverture par les options permet de profiter d'une évolution favorable des cours alors que la couverture par le marché à terme ne le permet pas. La couverture par option apparaît plus avantageuse mais en contrepartie, elle a un coût non négligeable.

3.5.2. *Exemple d'utilisation dans le cas où le risque de change n'est pas bien défini*

Ce sont par exemple les cas des appels d'offre ou des entreprises qui vendent par catalogue avec des prix garantis pendant une période.

Dans le cas d'un appel d'offre, le montant est en général connu mais pas certain. En effet, l'offre peut être rejetée ou acceptée. Il est donc impossible de recourir à une couverture sur le marché à terme. Par exemple, si l'on vend à terme des dollars qu'on ne reçoit pas, on est obligé d'en acheter pour pouvoir les vendre, la perte peut alors être illimitée.

Exemple : Un exportateur français répond à un appel d'offre, par exemple en proposant de vendre clefs en mains une usine à un prix établi en dollars ; sa proposition est basée sur un taux de EUR/USD 1,25 ou USD/EUR 0,80. S'il faut attendre trois mois pour savoir si l'offre est acceptée ou non, que se passe-t-il ?

Si l'offre est acceptée et qu'elle n'a pas été couverte, c'est le même cas que l'opération commerciale non couverte, voir le graphique III-1.

Si l'offre n'est pas acceptée et qu'elle a été couverte par une opération à terme du type vente à terme de dollars, c'est identique au cas vente à terme seule, voir le graphique III-2 soit une perte potentielle illimitée.

Si elle est acceptée et qu'elle a été couverte par une vente à terme, les gains ou les pertes sont nuls, voir le graphique III-2.

Si l'offre n'est pas acceptée et qu'elle a été couverte par l'achat d'une option de vente de USD, l'opération se réduit alors à l'achat d'une option de vente, voir le graphique III 1.

Si l'offre est acceptée et qu'elle a été couverte par l'achat d'une option de vente de USD, le résultat est celui classique d'une couverture par une option de vente, voir le graphique III-1.

Dans le cas où le risque de change est mal défini, se couvrir par une option sur devises conduit dans le pire des cas à une perte limitée au coût de l'option et dans le meilleur des cas à un gain infini. Par contre, se couvrir par une vente à terme de devises se réduit dans le plus mauvais des cas à une perte infinie et dans le meilleur des cas à un résultat nul. Il est donc préférable d'utiliser une option en devises pour se couvrir dans ce cas de figure.

3.5.3. Les principales étapes de la gestion du risque de change avec les options

Étape 1 : Il ne faut jamais vendre d'options sur devises pour se protéger contre le risque de change. Il suffit de considérer les différentes positions sur options présentées dans le chapitre II pour constater qu'une vente d'options se traduisant dans le meilleur des cas par un gain limité, le prix de l'option, la couverture d'une opération commerciale par une vente d'option est très limitée.

Étape 2 : Il faut déterminer le sens de la couverture, c'est-à-dire faut-il acheter des options de vente ou des options d'achat de quelle devise contre quelle devise ? L'approche la plus simple est d'acheter une option qui permet d'annuler la position de change à terme dans le cas où l'évolution des taux de change est défavorable. Par exemple, si la position à terme dans une devise est longue (courte), il faut acheter une option de vente (d'achat) de cette devise.

Étape 3 : Il faut choisir la devise sous-jacente de l'option. L'idéal est de retenir la même devise que la devise couverte, sinon comme avec les contrats de futures, il y a un risque de corrélation (cross hedging). Il faut alors analyser le lien entre les variations de valeur de l'option et de la devise sous-jacente. Ce problème est pris en compte en calculant le ratio de couverture (voir étape 5).

Étape 4 : Il faut déterminer la date d'échéance des contrats d'options ; si possible, on retient la même date d'échéance que la position à couvrir. Si ce n'est pas possible, la valeur du portefeuille d'options n'est pas connue à la date d'échéance de la position à couvrir et la valeur de la position globale est incertaine. Il faut en conséquence adapter au fur et à mesure sa couverture, la gestion doit être dynamique.

Étape 5 : il faut déterminer le nombre de contrats.

Dans son approche la plus simple, le nombre d'options achetées est tel que le montant des devises sous-jacentes aux contrats d'options est égal au montant des devises à couvrir.

Si la date d'échéance des options est différente de celle de la position à couvrir et si la devise sous-jacente est différente de celle de la devise à couvrir, la couverture ne sera pas parfaite. Le but est alors que le jour du dénouement, le gain sur la position options compense le plus possible la perte sur la position à couvrir.

Pour ceci, il faut calculer de combien varie le prix de l'option suite à une variation d'une unité de la devise sous-jacente. Ceci est donné par le delta, indicateur présenté dans le chapitre II.

Exemple : vous attendez une rentrée de 1 250 000 EUR et votre monnaie de référence est le dollar, vous voulez vous couvrir contre une baisse de valeur de l'euro. Vous achetez des options de vente d'euros à Philadelphie dont le montant standard est de 125 000 EUR et dont le prix est exprimé en cents. L'approche la plus simple vous indique qu'il faut acheter 10 options de vente car la taille d'un contrat est égale à 125 000 EUR et la rentrée attendue de devises est égale à 1 250 000 EUR (1 250 000/125 000 = 10). Si les dates d'échéance des positions options et à couvrir sont différentes, votre couverture n'est pas parfaite. Il faut calculer le delta.

Le delta, $\Delta = \dfrac{\delta P}{\delta S} = -0{,}5$, cela signifie que le prix de l'option de vente augmente de 0,5 cent lorsque le cours de l'euro baisse de 1 cent. Si les options portaient sur des montants standards de 1 EUR, pour couvrir une baisse de 1 cent de l'euro, il faudrait acheter $1/\Delta$ options de vente, ici 2 options de ventes.

Le ratio de couverture est égal à $1/\Delta$; ici $1/-0{,}5 = -2$. Le signe moins indique que l'option à utiliser doit être une option de vente. Il faut ensuite multiplier ce ratio de couverture par le nombre de contrats déterminés dans l'approche simple pour obtenir le nombre de contrats nécessaires pour se protéger correctement. Dans l'exemple, le ratio de couverture $1/\Delta$ est égal à -2, le nombre de contrats déterminé initialement est égal à 10, il faut en réalité acheter 20 contrats d'options de vente pour une protection correcte.

Le nombre de contrats N est tel que :

$$N = \frac{V}{T} \times \frac{1}{\Delta}$$

où V est le montant en devises de la position à couvrir, T le montant de devises sous-jacentes au contrat d'option.

Étape 6 : il faut suivre votre couverture

Si l'on raisonne en fonction de l'indicateur delta, il faut que la combinaison, opération à couvrir + couverture par option, ait globalement un delta nul. On parle de stratégie delta neutre.

Pour calculer le delta d'une combinaison, il suffit d'additionner les delta des différentes parties de la combinaison.

Exemple : vous détenez 10 EUR et vous considérez des options de vente portant sur un EUR de delta – 0,5, votre portefeuille de 10 EUR a par définition un delta de 10 × 1, soit 10. Il faut acheter 20 options de vente de delta global égal à 20 × – 0,5, soit – 10. La position globale a un delta égal à + 10 – 10, soit 0.

Le problème est que le delta d'une couverture par options bouge tous les jours. Le delta peut bouger suite à une variation de la devise sous-jacente. Ce renseignement est donné par le gamma, γ, qui est égal à $\delta\Delta/\delta S$. Si le gamma est égal à 0,1 et le delta à – 0,5, cela signifie que lorsque la devise sous-jacente baisse d'une unité, le delta passe de – 0,5 à – 0,6. Dans l'exemple précédent, en cas de baisse de la devise sous-jacente, l'euro, de 1 %, la protection initiale devient trop forte, il faut revendre et inversement si le cours de la devise monte. Des ajustements sont donc requis pour avoir une couverture delta-neutre. Les coûts de transaction empêchent d'ajuster en permanence la couverture. L'idée est de constituer une couverture neutre en delta + gamma de manière à obtenir une position globale avec un delta nul et un gamma nul. Or, si on prend une position initiale du type détention de devises, cette position a un delta égal à un multiple entier de 1, le delta neutre sera obtenu en achetant des options de vente. En revanche, le gamma de la position globale (détention de devises + achat d'options de vente) est égal au gamma de la position achat d'options de vente car la position initiale sur les devises a un gamma nul. Pour annuler le gamma, la seule possibilité est de vendre des options d'achat ou de vente, ce qui pose des problèmes de suivi de la position.

Un autre problème est la variation du prix des options servant à couvrir la position initiale suite à une variation de la volatilité du cours de la devise sous-jacente, σ de dS/S. Cet effet de la volatilité sur le cours de l'option est mesuré par le véga, ν, égal à $\delta C/\delta\sigma$ pour une option d'achat et à $\delta P/\delta\sigma$ pour une option de vente, voir chapitre II. Dans ce cas, la couverture n'est plus parfaite. Si on cherche à protéger la position globale en delta neutre contre une variation de la volatilité, il faut mettre en place une combinaison neutre en delta et en véga avec des positions sur des actifs de la même manière que précédemment.

Enfin, il faut prendre en compte le fait que le prix des options évolue avec le temps. En particulier, pour les options américaines, plus on se rapproche de l'échéance, plus le prix de l'option, qu'elle soit d'achat ou de vente, baisse. Cet indicateur, présenté dans le chapitre II, s'appelle le thêta, θ ; il est égal à $\delta C/\delta(T - t)$ et pour une option de vente à $\delta P/\delta(T - t)$. On peut compléter la couverture en intégrant ce problème.

En règle générale, les stratégies de couverture utilisées sont soit des stratégies en delta neutre, soit des stratégies en delta et en gamma neutre, soit des stratégies en delta et en véga neutre. Il semble que la stratégie en delta et véga neutre fournisse la meilleure couverture, quoique l'objectif des couvertures étant différent, il est difficile de les comparer.

3.6. Analyse comparative des différentes couvertures

Les différentes couvertures peuvent se décomposer en deux grands types :
– les opérations de couverture dont le profil des gains et des pertes est proche de celui des couvertures par contrats à terme du type forward qui regroupent toutes les opérations du type couverture par contrats de forwards, par contrats de futures, swaps, avances en devises, opération sur le marché monétaire, COFACE, etc. ;
– les opérations de couverture dont le profil des gains et des pertes est proche de celui des couvertures du type option.

La principale différence entre ces types de couverture est qu'avec les premières, aux appels de marge près avec les contrats de futures, il n'y a ni gain ni perte de change à l'échéance par rapport au cours à terme négocié au départ tandis qu'avec les secondes, il n'y a pas de perte de change mais des possibilités de gain de change si l'évolution des cours est favorable.

GRAPHIQUE III-3

Les différents types de couverture

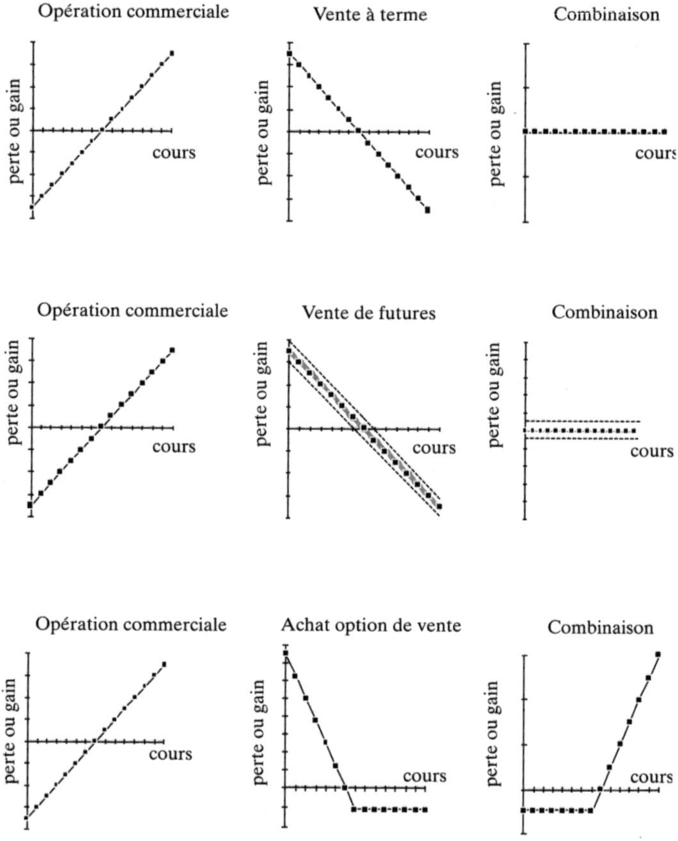

Cours de change exprimé en unités de monnaie nationale pour une unité de devise.
Gains et pertes de change exprimés dans la monnaie nationale.

La contrepartie de cet avantage associé au deuxième type d'opération est leur coût plus élevé.

Le choix entre ces deux grands types de couverture va être le résultat d'un arbitrage entre l'avantage d'une couverture par des options et le coût de ce type de couverture, tout en sachant que si la position en devises est incertaine, la seule couverture possible est celle basée sur les options.

Il existe en fait une multitude de couvertures du risque de change qui se situent entre ces deux grands types de couvertures. Par exemple, certains contrats de gré à gré et certains contrats de la COFACE ont fondamentalement les caractéristiques d'un contrat à terme mais permettent de bénéficier d'une partie du gain de change lié à une évolution favorable des cours des devises. Il existe aussi un grand nombre de produits hybrides tels que le contrat à terme avec intéressement (CATI), les options tunnels, les options à prime zéro qui se situent entre ces deux grandes catégories de couverture. À chaque fois, il faut considérer l'avantage et le coût de l'opération de couverture proposée par rapport aux deux grandes opérations classiques.

Parmi les grands types de couverture, le choix va résulter d'une comparaison :
– des frais de transaction,
– de l'écart entre le cours garanti et sa propre prévision du cours au comptant futur, a priori *nul si l'on estime que le marché est efficient,*
– des possibilités ou non de revendre la couverture (marché de gré à gré ou marché organisé),
– de l'adaptation de la couverture à l'horizon temporel et du montant à couvrir (marché organisé ou marché de gré à gré).

Ainsi, il est possible de distinguer les opérations de couverture de gré à gré des opérations de couverture proposées sur un marché organisé. Lorsque la couverture peut se faire de manière simple et directement pour des montants standards sur un marché organisé, elle est en règle générale plus intéressante en termes de coûts qu'une opération de gré à gré, surtout si l'on prend en compte la plus grande liquidité des contrats et même si l'on considère le problème de trésorerie pour les contrats de futures par rapport aux contrats de forwards. Dans les autres cas, il faut comparer les avantages et les inconvénients des différentes possibilités après avoir bien défini la position à couvrir (en particulier en terme d'échéance et de montant).

De manière identique, il faut comparer dans chaque grande catégorie de couvertures (à terme ou optionnel) les coûts des différentes opérations ; par exemple, vaut-il mieux utiliser des contrats de forwards ou de futures, un swap, une opération de prêt-emprunt sur le marché des euro-devises ? Pour ceci, on compare les différents taux de report et de déport ou les différentiels de taux d'intérêt implicites ainsi que les frais de transaction. Il est fort probable que pour une entreprise, les cours à terme implicites obtenus grâce à ces différentes opérations soient différents. Elle peut, par exemple, avoir des conditions plus intéressantes sur le marché à terme que sur le marché des euro-devises. En effet, si l'arbitrage existe au niveau global entre ces différents marchés, il n'est pas évident que pour une entreprise l'accès à ces différents marchés se fasse dans des conditions équivalentes. En revanche, si les cours garantis des différentes couvertures sont identiques, les coûts des couvertures se limitant aux frais de transaction (voir le coût d'une couverture à terme), la comparaison est relativement simple.

4. La gestion interne du risque de change

La gestion interne du risque de change a pour objet soit d'éliminer de façon préventive le risque de change soit de permettre au niveau global la gestion du risque de change. Plusieurs possibilités existent dans ce contexte.

4.1. Le choix d'une devise et du prix en devises

Si l'entreprise peut choisir la devise lors de la facturation de ses ventes ou de rentrées d'argent futures (contrat industriel, etc.), elle prendra une devise forte, c'est-à-dire une devise qui devrait normalement s'apprécier par rapport à sa monnaie de référence. Inversement, lors de l'établissement de prix d'achat ou de sorties d'argent futures, elle doit prendre une devise faible, c'est-à-dire une devise qui doit normalement se déprécier par rapport à sa monnaie de référence.

Dans un cas extrême, elle peut tenter de tout facturer dans sa devise, le risque de change est alors reporté sur le partenaire commercial. En règle générale, le client préfère payer dans sa monnaie. Ceci fait partie de la négociation du contrat.

Lors de l'établissement d'un contrat ou lorsqu'on répond à un appel d'offres, il faut définir le prix du contrat dans une devise. Non seulement, le choix de la devise se pose mais aussi le montant à payer. La règle générale est tout d'abord de calculer la valeur du contrat dans la monnaie de référence pour que le projet soit rentable, ensuite de convertir cette valeur dans la devise de facturation au cours de change à terme négociable pour la date de paiement prévue. Dans ce cas, si l'entreprise se couvre par exemple sur le marché des changes à terme, elle est sûre de retrouver à l'échéance le montant dans sa monnaie de référence qui permet d'obtenir la rentabilité initialement calculée pour le projet. Si plusieurs dates de paiement sont prévues, il faut alors considérer les cours de change à terme des différentes échéances. Pour certaines échéances à long terme et pour certaines devises, il est difficile d'obtenir des cours de change à terme. L'entreprise peut être obligée de prévoir les taux de change au comptant futurs ; éventuellement si ces prévisions divergent des taux de change à terme, elle peut pour établir les contrats, utiliser ses prévisions mais elle supporte un risque de change qui peut remettre en question *ex-post* la rentabilité de l'opération.

4.2. L'indexation monétaire

Pour établir un contrat, une autre possibilité est d'inclure dans le contrat de vente ou d'achat une clause d'indexation permettant au prix de vente d'évoluer, par exemple, en fonction du différentiel d'inflation ou d'intérêt. L'entreprise ne supportera plus le risque de change si les variations des taux de change suivent l'évolution des taux d'intérêt (parité des taux d'intérêt) ou des taux d'inflation (parité des pouvoirs d'achat). Ces relations ne sont pas vérifiées dans les faits, ce qui implique qu'une partie du risque de change subsiste mais il est malgré tout fortement atténué.

Dans ce cas, le risque de change est en partie reporté sur l'acheteur, ce qu'il n'acceptera pas toujours.

4.3. Le termaillage (leading and lagging)

Le principe du termaillage consiste à accélérer les recettes de trésorerie (règlements des créances dues par les clients) et de retarder les décaissements (par exemple, paiement des fournisseurs) dans certains cas de figure.

Le cas habituel est de profiter d'une hausse ou d'une baisse d'une devise. Si, par exemple, une baisse du dollar est attendue dans la semaine, l'entreprise tentera de payer ses factures en dollars après la dépréciation. En revanche, si une hausse du dollar est attendue, la société accélérera les paiements dans cette devise.

4.4. Le système de compensation multilatérale (le netting)

Le principe est de supprimer les transferts inter-sociétés par l'utilisation des techniques de compensation. Ceci implique la création d'un centre de netting qui organise le cycle de compensation (méthodes, procédures, calendriers, circuits bancaires, systèmes d'information et sa circulation,...), centralise l'information, calcule la compensation. Ce système s'applique à des flux exprimés dans la même devise.

La compensation la plus simple est bilatérale. Ainsi, si une entreprise allemande A filiale d'un groupe multinational vend des biens à une autre filiale française F pour 3 millions de dollars et que l'entreprise F vend elle-même pour 2 millions de dollars à l'entreprise A, la compensation bilatérale implique que seul le solde 1 million de dollars sera réglé par l'entreprise française F à l'entreprise allemande A.

Si l'on considère plusieurs filiales avec plusieurs transactions, schéma III-1, il peut y avoir des compensations bilatérales entre chaque filiale, ce qui donne le schéma III-2.

Un centre de compensation peut aussi être créé à l'échelon du groupe qui centralise l'ensemble des créances et dettes réciproques des sociétés du groupe dans les différentes devises. Cette chambre de compensation reçoit de l'argent des filiales dont le solde global est débiteur et redistribue de l'argent aux filiales dont le solde global est créditeur. Le schéma III-3 est alors obtenu.

SCHEMA III-1

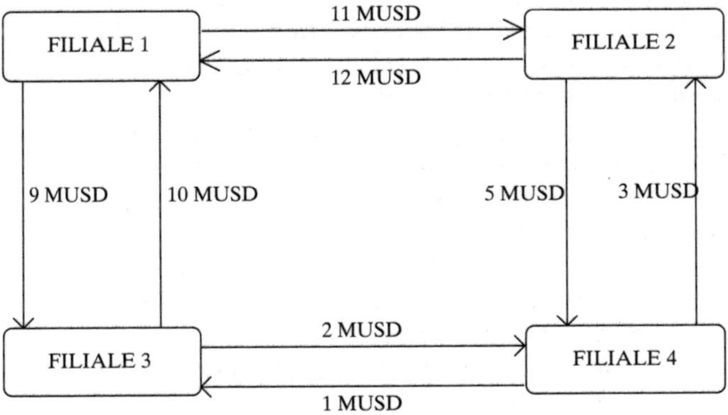

SCHEMA III-2

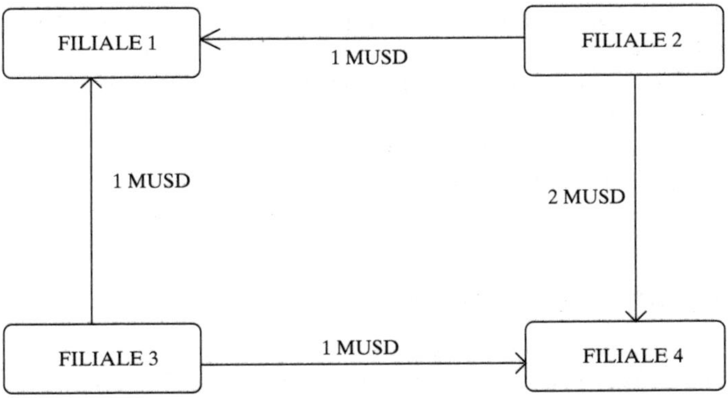

SCHEMA III-3

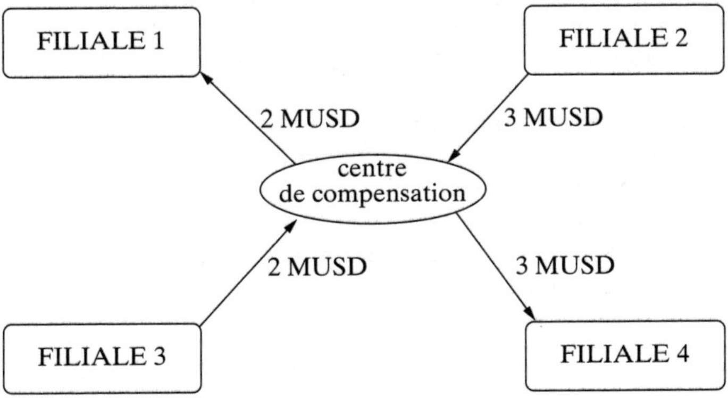

Le système de netting peut se réduire à un simple calcul de compensation ou être un système plus élaboré où le centre de netting collationne toutes les factures intra-groupes émises pour calculer à chaque échéance de compensation le solde des mouvements.

L'avantage de ce système est qu'il permet de supprimer de nombreux mouvements au sein du système bancaire et donc d'économiser d'importants frais de transaction (commissions bancaires classiques et commissions de change).

Peut se poser le problème de la monnaie de libellé des factures entre les filiales d'un même groupe. Deux possibilités sont en général retenues :

– la première est de tout facturer dans la même devise ; ce qui permet d'avoir tous les flux exprimés dans la même devise et d'appliquer le système de compensation sans problème ;

– la deuxième plus restreinte est que les factures entre des filiales situées dans le même pays soient établies dans la même monnaie.

Le principe de compensation entre des entreprises situées dans des pays différents n'est pas autorisé dans tous les pays. Par exemple, en France, il n'est généralement pas possible de pratiquer la compensation multilatérale. Il faut alors s'implanter dans des pays tels que la Suisse.

4.5. Les centres de refacturation

Si seuls les paiements internes au groupe sont concernés dans le système de compensation, ici tous les paiements sont pris en compte. Les différentes sociétés du groupe ne sont plus en contact avec leurs clients, elles établissent leurs factures à l'ordre de la société de refacturation qui leur règle les factures dans leur monnaie et la société de refacturation se fait payer par les clients. Par exemple, les factures en euros de la filiale française d'une multinationale américaine sont établies au nom du centre de refacturation qui la règle en dollars et encaisse les euros auprès des clients de la filiale.

Le risque de change est reporté sur le centre de refacturation qui doit établir régulièrement un cours de change interne au groupe.

4.6. La mise en commun (pooling)

C'est la centralisation la plus large des opérations en devises des différentes entités du groupe. Tous les flux de trésorerie en devises, qu'ils soient entre sociétés du groupe ou entre sociétés du groupe et sociétés externes au groupe, sont centralisés. Les excédents en devises de certaines filiales sont utilisés pour financer les besoins en devises d'autres filiales. La gestion de trésorerie en devises est totalement centralisée. L'avantage est que le besoin minimal dans chaque devise est beaucoup plus faible dans ce système centralisé que dans un autre système. En effet, les problèmes en gestion de trésorerie sont dus aux erreurs de prévision des flux de trésorerie et des règlements avec retard de certaines factures. Lorsqu'on les considère au niveau global, ces problèmes ont tendance à se compenser, ce qui permet de connaître avec plus d'exactitude les besoins de chaque période et donc de ne pas être obligé d'immobiliser trop d'argent pour faire face à ces imprévus.

4.7. La réduction du risque de change grâce à la diversification monétaire

Le fait de centraliser la gestion de trésorerie en devises permet non seulement de couvrir les soldes de trésorerie dans chaque devise au lieu de couvrir individuellement chaque recette et dépense en devise, mais aussi de couvrir globalement le risque de change en se fondant sur la diversification monétaire.

Par exemple, une multinationale américaine a deux filiales, une française F et une japonaise JP. F doit dans un mois régler une créance de cinq millions d'euros et toucher 100 millions de yens ; JP doit dans un mois recevoir sept millions d'euros et payer 345 millions de yens. La monnaie de référence de la multinationale est le dollar. Le fait de centraliser permet de constater que globalement le groupe prévoit dans un mois une recette de deux millions d'euros et une sortie de 245 millions de yens. La gestion classique du risque de change devrait amener le groupe à se protéger contre une baisse de l'euro et une hausse du yen.

Le principe de la diversification monétaire consiste à dire que les fluctuations d'une monnaie compensent en partie les fluctuations d'une autre monnaie. Par exemple, si aujourd'hui, l'euro est coté EUR/USD 1,3965 et le yen

JPY/USD 0,0114, la recette en euros est équivalente à 2 793 000 dollars et le paiement en yens est équivalent à 2 793 000 dollars. L'exposition en dollars en nulle. Si, par exemple, l'euro et le yen évoluent de la même manière par rapport au dollar et que dans un mois les deux monnaies se déprécient par rapport au dollar et que leurs cotations soient EUR/USD 1,2695 et EUR/JPY 0,01036, la recette est égale à 2 539 000 dollars et le paiement est égal à 2 538 200 dollars. Les gains de change compensent pratiquement les pertes de change. La position globale est pratiquement la même que ce soit aujourd'hui ou dans un mois après la modification des cours des monnaies.

Dans cet exemple, la multinationale n'est pas exposée au risque de change car les monnaies considérées évoluent de la même manière. Il n'y a donc pas lieu pour la multinationale de se protéger contre le risque de change.

Cet exemple retenu est un peu caricatural car il n'y a jamais de compensation exacte, mais en règle générale, avec plusieurs devises, les pertes et les gains de change dans les différentes devises vont se compenser au moins en partie. Le but dans ce cas de figure est de prévoir les gains et les pertes de change qui seront éliminés grâce à la diversification, et de couvrir le solde. En tout état de cause, l'effet diversification des monnaies est à considérer uniquement si la gestion de trésorerie multidevises est centralisée.

Les méthodes de gestion interne du risque de change sont globales dans le sens où les flux sont considérés globalement au niveau de l'entreprise.

Les méthodes de gestion externe du risque de change sont souvent appliquées flux par flux, mais elles peuvent aussi s'appliquer sur les flux globaux de l'entreprise.

CONCLUSION

De nombreuses possibilités existent pour se couvrir contre le risque de change. Les institutions financières et les marchés financiers proposent en permanence des nouveaux instruments de couverture du risque de change. Toutes ces possibilités se rattachent à deux grands types de couverture : les couvertures à terme (contrats de forwards, de futures, etc.), et les couvertures avec des options. Il faut faire un choix entre d'un côté, la souplesse et le coût plus élevé des couvertures optionnelles et de l'autre, la contrainte et le coût plus faible des couvertures à terme. Cependant, il existe des cas où certains types de couvertures sont à rejeter ; par exemple seules les couvertures avec des options permettent de couvrir une réponse à un appel d'offres. Le choix parmi les couvertures du type "à terme" et parmi les couvertures du type "option" est le fruit d'une comparaison des frais de transaction, des cours garantis (et donc des gains et pertes de change anticipés), des possibilités ou non de se libérer des couvertures ainsi que de l'adaptation de la couverture à l'horizon temporel et au montant de la position à couvrir.

Les couvertures proposées, sauf cas exceptionnel, ne permettent pas de se protéger contre les variations anticipées des cours de change. Elles permettent uniquement de se protéger contre les variations des cours de change non anticipées par le marché.

Si choisir la meilleure couverture n'est pas facile, décider auparavant s'il faut oui ou non se couvrir est beaucoup plus difficile car cela suppose une bonne capacité de prévision des cours de change futurs et surtout l'inefficience des différents marchés des changes. Certaines entreprises ont décidé de se couvrir systématiquement car elles préfèrent éviter tout risque de change.

La gestion du risque de change est souvent envisagée par les entreprises dans le cadre du risque de change de transaction ; certaines vont même le gérer globalement (macro-couvertures). Ceci n'est cependant pas suffisant car les cours de change ont des effets autres que ceux sur les contreparties en euros des flux en devises futurs. Ils peuvent agir sur les flux en devises eux-mêmes, sur la compétitivité de l'entreprise, et d'une manière plus générale sur la valeur de l'entreprise. Cette notion plus large du risque de change, le risque de change économique, est rarement considérée par les entreprises. Elle est plus difficile à appréhender que celle du risque de change de transaction, et aussi beaucoup plus complexe. La gestion du risque de change économique constitue une prochaine étape, car il peut s'avérer que la gestion du risque de change de transaction ne soit pas pertinente, voire en totale opposition avec celle du risque de change économique.

BIBLIOGRAPHIE

Adler M. et Dumas B., “Exposure to currency risk : definition and measurement”, *Financial Management,* Summer 1984, pp. 41-50.

Black F. et Scholes M., “The pricing of options and corporate liabilities”, *Journal of Political Economy*, May 1973, pp. 637-659.

Chesney M. et Loubergé H., *Les options de change*, Paris, Que Sais-Je, PUF, 1992.

Cornell B. et Shapiro A., “Managing foreign exchange risks”, *Midland Corporate Finance Journal*, Fall 1983, pp. 16-31.

Dufey G. et Srinivasulu S., “The case for corporate management of foreign exchange risk”, *Financial Management*, Summer 1984, pp. 54-62.

Eaker M., “The numeraire problem and foreign exchange risk”, *Journal of Finance*, May 1981, pp. 419-426.

Eiteman D., Stonehill A. et Moffet M., *Multinational business finance,* 10e édition, Massachusetts, Addison Wesley, 2004.

Flood E. et Lessard D., “On the measurement of operating exposure to exchange rates: a conceptual approach”, *Financial Management*, Spring 1986, pp. 25-37.

Fontaine P. et Hamet J., *Les marchés financiers internationaux*, 2e édition, Paris, Que Sais-Je, PUF, 2007.

Garman M. et Kohlhagen S., “Foreign currency options values”, *Journal of International Money and Finance*, December 1983, pp. 231-237.

Garner K. et Shapiro A., "A pratical method of assessing foreign exchange risk", *Midland Corporate Finance Journal*, Fall 1984, pp. 6-17.

Heckman C., "Measuring foreign exchange exposure : a pratical theory and its applications", *Financial Analysts Journal*, September-October 1983, pp. 59-65.

Lessard D. et Lighstone J., "Volatile exchange rates can put operations at risk", *Harvard Business Review*, July-August 1986, pp. 107-114.

Shapiro A., "Currency risk and relative price risk", *Journal of Financial and Quantitative Analysis*, December 1984, pp. 365-373.

Shapiro A., *Multinational financial management*, 4e édition, Massachusetts, Allyn and bacon, 1992.

Simon Y., Lautier D. et Morel C., *Finance internationale,* 10e édition, Paris, Economica, 2009.

Solnik B. et McLeavey D., *Global Investments,* 6e édition, Pearson Education, 2010.

Stulz R. et Smith C., "The determinants of firms'hedging policies", *Journal of Financial and Quantitative Analysis*, December 1985, pp. 391-405.

AUTRES :

Rapports d'activité annuels de la Banque des Règlements Internationaux et Rapports d'activité annuels de la Banque d'Angleterre.

QUIZ

1) Comment peut-on caractériser le système monétaire international ? (Réponse page 11).
2) Que signifie une cotation à l'incertain, au certain ? Sur quels marchés trouve-t-on une cotation au certain, à l'incertain ? (Réponse page 16).
3) Pourquoi dans les transactions entre banques, un cambiste annonce-t-il deux cours et non pas un seul ? A quoi correspond l'écart (spread) entre les cours ? (Réponse page 18).
4) Pourquoi l'écart entre les cours acheteur et vendeur augmente-t-il avec le terme négocié ? (Réponse page 24).
5) Que signifie une monnaie cotée avec un déport ? (Réponse page 23).
6) Quel est le montant standard d'une opération sur le marché des changes interbancaires ? (Réponse page 17).
7) Qu'indique la relation de la parité des taux d'intérêt ? (Réponse page 30).
8) Pourquoi a-t-on créé des contrats de futures alors qu'il existait déjà des contrats à terme (forward) ? (Réponse page 43).
9) Vous comparez les cotations des options d'achat et de vente affichées hier et aujourd'hui. Vous constatez que les prix des options d'achat ont baissé alors que ceux des options de vente ont monté, que s'est-il passé ? (Réponse page 55).
10) En quoi une option de change diffère-t-elle d'un contrat de futures ? (Réponse page 47).
11) Quels sont les différents types de swaps de devises ? (Réponse page 58).

12) Le marché des swaps est-il plus important que les marchés des options et des futures de devises ? (Réponse pages 35, 46 et 58).

13) Définissez le risque de change de transaction, de traduction, économique. (Réponse page 8).

14) Quelle est votre monnaie de référence ? Pourquoi ? Définissez l'exposition au risque de change de transaction. (Réponse pages 67 et 68).

15) Pour pouvoir gérer correctement le risque de change de transaction, quels sont les éléments qui doivent être définis ? (Réponse page 68).

16) Cherche-t-on à se couvrir contre les variations anticipées ou non anticipées des cours des devises ? pourquoi ? (Réponse page 66).

17) Dans quel cas, pourriez-vous décider de ne pas vous couvrir contre le risque de change ? (Réponse page 65).

18) Pour couvrir le risque de change d'un appel d'offres, quelle est la méthode de couverture la plus adaptée ? (Réponse page 87).

19) Comment pourriez-vous différencier une méthode de couverture du risque de change avec des contrats de futures de celle avec des contrats de forwards ? (Réponse pages 76 et 93).

20) Compte tenu des différentes possibilités de couvertures contre le risque de change offertes par les marchés, quel peut être l'intérêt d'utiliser une couverture du type COFACE ? (Réponse pages 82 et 83).

21) Schématiquement, comment peut-on classer les méthodes de couverture externes du risque de change de transaction ? (Réponse page 91).

22) Pensez-vous que conseiller systématiquement à une entreprise française exportatrice de facturer en euros est une bonne chose ? Si non, pourquoi ? page 94.

23) Quelles sont les différences et similitudes entre les gains obtenus grâce à la centralisation de la gestion de trésorerie via la mise en commun (le pooling) et les gains obtenus grâce la diversification monétaire ? (Réponse page 99).

24) Pourquoi parle-t-on de risque de change nominal, réel ? S'il y a une différence entre les deux, lequel devons nous considérer ? (Réponse pages 66).

TABLE DES MATIÈRES

Réalisé en P.A.O. par STDI - Z.A. Route de Couterne - 53110 LASSAY-LES-CHÂTEAUX
Imprimé en France. - JOUVE, 1, rue du Docteur Sauvé, 53100 MAYENNE
N° 535823E - Dépôt légal : Août 2010